भयमुक्त कैसे हों

(How to Overcome Fear & Phobias)

सुरेन्द्र नाथ सक्सेना

वी एण्ड एस पब्लिशर्स

प्रकाशक

वी एण्ड एस पब्लिशर्स

F-2/16, अंसारी रोड, दरियागंज, नई दिल्ली-110002
☎ 23240026, 23240027 • *फैक्स:* 011-23240028
E-mail: info@vspublishers.com • *Website:* www.vspublishers.com

क्षेत्रीय कार्यालय : हैदराबाद
5-1-707/1, ब्रिज भवन (सेन्ट्रल बैंक ऑफ इण्डिया लेन के पास)
बैंक स्ट्रीट, कोटी, हैदराबाद-500 095
☎ 040-24737290
E-mail: vspublishershyd@gmail.com

शाखा : मुम्बई
जयवंत इंडस्ट्रिअल इस्टेट, 1st फ्लोर-108, तारदेव रोड
अपोजिट सोबो सेन्ट्रल, मुम्बई - 400 034
☎ 022-23510736
E-mail: vspublishersmum@gmail.com

फ़ॉलो करें:

ISBN 978-93-814485-2-6

संस्करण 2018

DISCLAIMER

मुद्रक: रेप्रो नॉलेजकास्ट लिमिटेड, ठाणे

आभार

इस पुस्तक को लिखने की प्रेरणा पुस्तक महल के मैनेजिंग डायरेक्टर श्री राम अवतार गुप्ता से मुझे मिली। उनका विचार था कि भय और दुर्भीति पर एक ऐसी पुस्तक लिखी जाए, जिसमें उस पर विजय पाकर सफलता प्राप्त करने के मनोवैज्ञानिक और व्यावहारिक उपाय हों।

प्रस्तुत पुस्तक को लिखने में सुप्रसिद्ध मनोचिकित्सक डॉ. अश्विनी कुमार ('संतुलन', बालिनगर, दिल्ली), डॉ. ओ.पी. शर्मा, डॉ. अरुण कौशल, डॉ. राजेंद्र घोड़पकर एवं मेरे मित्र काका हरिओम ने जो अमूल्य सहयोग दिया है, उसके लिए मैं उनका कृतज्ञ हूं।

पुस्तक लेखन में वास्तविक और व्यावहारिक अनुभवों तथा उपायों पर विशेष बल देने का प्रयत्न रहा है। विषय की दुरूहता और विभिन्न व्यक्तियों के अनुभवों को एकत्रित करने के कारण इसके लेखन में तीन वर्ष का समय लगा है। जहां तक संभव हुआ है मनोवैज्ञानिक समस्याओं और उनके समाधानों को सरल तथा प्रवाहमयी भाषा में लिखने का प्रयत्न किया गया है।

मनोवैज्ञानिक विषयों पर हिंदी में प्रेरणा देने वाले मौलिक साहित्य का अब भी अभाव है। उस अभाव को यह पुस्तक यदि अंश मात्र भी भर सकी, तो मैं अपने प्रयत्न को सार्थक समझूंगा।

आशा है पाठकों को यह पुस्तक भी उतनी ही पसंद आएगी जितनी इससे पूर्व प्रकाशित 'गुस्सा छोड़ो, सुख से जिओ'।

पाठकों से विनम्र निवेदन है कि वे अपने सुझावों से अवश्य परिचित कराएं।

प्रेरणा स्रोत श्री राम अवतार गुप्ता और प्रिय पाठकों को सप्रेम अर्पित।

-सुरेंद्र नाथ सक्सेना
ब्लॉक डी.ए.-254
शीशमहल अपार्टमेंट्स
शालीमार गांव के निकट
शालीमार बाग, दिल्ली-110088

प्रकाशकीय

जीवन में सुख, सफलता और समृद्धि सभी लोग पाना चाहते हैं। अपने-अपने ज्ञान, तरीके और अनुभव के अनुसार प्रयत्न भी करते हैं परंतु अंत में केवल बहुत थोड़े लोग सफलता तथा सुख की विजयमाला पहन पाते हैं। ऐसा क्यों होता है? जीवन में सभी लोग सच्चे अर्थों में सफल क्यों नहीं होते? और यदि सफल हो भी जाते हैं तो जीवन में वास्तविक सुख का अनुभव क्यों नहीं कर पाते?

मनोविज्ञान के अनुसार व्यक्ति को अधिकांशत: असफलताओं, दुखों, चिंताओं और अशांति के कारण उसके मन में बैठे भांति-भांति के भय होते हैं। बहुत से भय इतने सूक्ष्म होते हैं कि जब तक व्यक्ति अपने विचारों और व्यवहार का निरीक्षण न करे अथवा किसी मनोवैज्ञानिक की सहायता न ले, वह उसके बारे में नहीं जान पाता। इन भयों के फलस्वरूप व्यक्तित्त्व का विकास रुक जाता है और उस मनुष्य की प्रतिभा कुंद पड़ी रह जाती है। व्यक्ति का अहम् भी यह स्वीकार करने में संकोच अथवा हीनता का अनुभव करता है कि वह किसी वस्तु, परिस्थिति या भाव से डरता है। कभी-कभी व्यक्ति अपने जीवन का अधिकांश भाग व्यतीत कर चुका होता है और अंत में यह जान पाता है कि वह किसी एक भय के कारण अनेक सुखों तथा सफलताओं से वंचित रह गया।

लेकिन जब हम एक बार अपने भय और उसको दूर करने के उपायों के बारे में जान लेते हैं तो उसे दूर करके अनंत साहस एवं आत्मविश्वास के स्वामी बन जाते हैं। जीवन के हर क्षेत्र में सुख-सफलता पाने के लिए साहस तथा आत्मविश्वास परम आवश्यक है।

संसार में आज तक जितने भी वास्तव में सुखी एवं सफल व्यक्ति हुए हैं उनमें सबसे प्रमुख गुण था — साहस!

प्रस्तुत पुस्तक में सुख-सफलता एवं मानसिक शांति देने वाले इसी महान गुण, साहस का विकास करने के मनोवैज्ञानिक और क्रियात्मक उपायों पर सरल भाषा और रोचक शैली में प्रकाश डाला गया है। इनको अपना कर आप भी जीवन में मनोवांछित सुख सफलता प्राप्त कर अपने व्यक्तित्त्व का विकास कर सकते हैं।

यह पुस्तक आपके जीवन में एक ऐसे नये साहस, आत्मविश्वास और उत्साह का संचार कर देगी कि आप स्वयं चकित रह जाएंगे।

विषय सूची

कायरता, भय और साहस महापुरुषों की दृष्टि में

- जहां सिर्फ कायरता और हिंसा के बीच किसी एक के चुनाव की बात हो, वहां मैं हिंसा के पक्ष में राय दूंगा। *–म. गांधी*
- मैं कायरता को किसी हालत में सहन नहीं कर सकता। आप कायरता से मरें इसकी बजाय बहादुरी से प्रहार करते हुए और प्रहार सहते हुए मरना कहीं बेहतर समझूंगा। *–म. गांधी*
- यह संसार कायर पुरुषों के लिए नहीं। पलायन करने का प्रयास मत करो। साहसी पुरुषों का सभी साथ देते हैं। *–स्वा. विवेकानंद*
- कायर पुरुष अक्सर डगमगा जाते हैं, जबकि साहसी व्यक्ति बहुधा आपदाओं पर विजय प्राप्त कर लेते हैं। *–रानी एलिजाबेथ*
- जब किसी पर भयानक आपदा आ पड़ती है तब वह पैरों से सोचने का काम लेता है। *–बायर्स*
- एक कायर कुत्ता उतनी तीव्रता से काटता नहीं, जितनी ज़ोरों से वह भौंकता है। *–गोल्डस्मिथ*
- कायर पुरुष अपनी मृत्यु से पूर्व ही अनेक बार मृत्यु का अनुभव कर चुकते हैं, जबकि वीर पुरुष कभी भी एक बार से अधिक नहीं मरते। *–शेक्सपियर*
- भय सदैद अज्ञानता से उत्पन्न होता है। *–इमर्सन*
- जो पतितों और दुर्बलों के पक्ष में बोलते हुए भयभीत होते हैं, वे दास हैं। *–लाबेल*
- ईश्वर का भय ही ज्ञान का उदय है। *–बाइबल*
- जिसे हारने का भय हो वह अवश्य हारेगा। *–नेपोलियन*

- भागों में रोग का भय है। उच्चकुल में पतन का भय है। धन में राजा का, मान में दीनता का, बल में दुश्मन का, रूप में बुढ़ापे का, शास्त्र में वादविवाद का, गुण में दुष्टजनों का और शरीर में काल का भय है। इस प्रकार संसार में मनुष्यों के लिए सभी वस्तुएं भयपूर्ण हैं। भय से रहित तो केवल वैराग्य है।   –भर्तृहरि

- भय से ही दुख आते हैं, भय से ही मृत्यु होती है और भय से ही बुराइयां उत्पन्न होती हैं।   –स्वा. विवेकानंद

- भय केवल हमारी कल्पना की उपज है। धन, परिवार और शरीर का मोह तज दो फिर देखो भय कहां रहता है।   –स्वा. विवेकानंद

- मनुष्य जिससे भय खाता है, उससे प्रेम नहीं करता।   –अरस्तू

- सुख और सफलता साहसी व्यक्ति को ही मिलती है।   –स्वेट मार्डेन

- ''मनुष्य के मन और मस्तिष्क पर भय का जितना प्रभाव होता है, उतना और किसी शक्ति का नहीं। प्रेम, चिंता, निराशा, हानि यह सब मनुष्य को अवश्य दुखित करते हैं। पर यह हवा के हलके झोंके हैं और भय प्रचंड आंधी है।''
                    –उपन्यास सम्राट प्रेमचंद (गरीबी की हाय)

- जिसे दुख का भय है, उसे भय का दुख है।   –फ्रांस

- अनावश्यक भय से डरकर किसी भी साहसिक कार्य में प्रवृत्त न होना अच्छा नहीं किंतु दैवी आपत्ति आने पर, अथवा शत्रु के आक्रमण में या अतिवृष्टि अथवा अनावृष्टि के कारण अकाल पड़ने पर तो आपत्तिग्रस्त प्रदेश से चले जाने में ही बुद्धिमत्ता है।
                    –नीतिवचन

- भय और चिंता से कभी कोई रचनात्मक कार्य नहीं हुआ।   –डॉ. रामप्रसाद

- यह अपने साथ अन्याय है, एक भयंकर बात है कि जब हम किसी कष्ट में फंसते हैं और जब हमें अपनी मानसिक शक्ति का अणु-अणु और इच्छाशक्ति का प्रत्येक अंश अपनी सहायता में लगा देना चाहिए, तब हम अपने सबसे बड़े शत्रु भय के शिकार बन जाते हैं।   –स्वेट मार्डेन

- भय मानव की इच्छाशक्ति को नष्ट कर देता है।   –जेम्स एलन

- जिसे परमात्मा पर पूरा विश्वास है, उसे किसका भय? कैसा भय?
                    –स्वा. रामकृष्ण परमहंस

- जिन कार्यों से तुम डरते हो उन्हें करो, भय की मृत्यु निश्चित ही हो जाएगी।
                    –एमर्सन

❑ भय से मनुष्य को आत्मरक्षा की प्रेरणा मिलती है और भय की अधिकता से मनुष्य का मन विकृत होकर निश्चेष्ट होता है। भय मनुष्य की कार्यशक्ति का सबसे बड़ा शत्रु है।   *-सत्यकाम विद्यालंकार*

❑ भय लगने पर परमात्मा को याद करो और उसके कारण का पता लगाकर बुद्धिमानी एवं साहस से उसका सामना करो।   *-डॉ. एम. प्रसाद*

❑ जिसने अपनी आत्मा को जान लिया उसका मृत्युभय नष्ट हो जाता है। मृत्यु का भय नष्ट होने से सभी प्रकार के भय स्वत: समाप्त हो जाते हैं।   *-स्वा. रामतीर्थ*

❑ भय की उतनी ही मात्रा उचित है जितनी से वह हममें अपनी रक्षा तथा उन्नति के लिए चेतना और जागरूकता उत्पन्न करता है, इससे अधिक भय हमारी कुशलता और स्वास्थ्य को नष्ट कर देता है।   *-डॉ. जय प्रकाश*

❑ साहस के बिना कोई भी सार्थक कार्य संपन्न नहीं हो सकता।   *-स्वा. विवेकानंद*

साहस और उत्साह जगाने वाली काव्य पंक्तियां

○ बुझ जाये शमा तो जल सकती है,
कश्ती हदे तूफां से निकल सकती है।
मायूस न हो इरादे न बदल,
तकदीर किसी वक्त बदल सकती है।।

○ मुश्किलें दिल के इरादे आजमाती हैं,
स्वप्न के परदे निगाहों से हटाती हैं।
हौंसला मत हार गिर कर ओ मुसाफिर,
ठोकरें इंसान को चलना सिखाती हैं॥

○ यह अरण्य झुरमुट जो काटे, अपनी राह बना ले,
क्रीतदास यह नहीं किसी का, जो चाहे अपना ले।
जीवन उसका नहीं युधिष्ठिर जो उससे डरते हैं,
वह उसका जो चरण रोप निर्भय हो आगे बढ़ते हैं॥
–रामधारी सिंह 'दिनकर'

○ जब तक न बेचैनी से उठे जाग,
जब तक न कुछ करने की लग जाए आग।
उकसाये कोई लाख बार पर बुजदिल में हुंकार नहीं कोई होगी।
जब तक न लहरता स्वाभिमान का रक्त बहे,
जब तक न आत्मसम्मान जाग कर मुक्त बहे।
ठुकराए कोई लाख बार पर बुजदिल में ललकार नहीं कोई होगी॥
–सोहन लाल द्विवेदी

○ काट लेना हर कठिन मंजिल का कोई मुश्किल नहीं,
बस जरा इंसान में चलने की हिम्मत चाहिए।

- सबै भूमि गोपाल की जामे अटक कहां,
  जाके मन में अटक है, सो ही अटक रहां।
- 'आंधियां चाहे उठाओ, बिजलियां चाहे गिराओ
  जल गया है दीप तो अंधियार ढल कर ही रहेगा।
  आदमी हर कैद से बाहर निकल कर ही रहेगा॥'
- जान लो कि मृत्यु है, न मृत्यु से डरो कभी,
  मरो परंतु यों मरो कि याद जो करें सभी।
  मरा नहीं वही कि जो जिया न आपके लिए,
  मनुष्य है वही कि जो मनुष्य के लिए मरे॥
  –मैथिलीशरण गुप्त
- मृत्यु एक सरिता है
  जिसमें श्रम से कातर
  जीव नहा कर
  करता है नव-जीवन धारण।
  –मैथिलीशरण गुप्त
- संशयात्मा विनश्यति
  जो संशय करता है, वह नष्ट हो जाता है।
- 'उत्साहो परम बलम्।'
  (उत्साह सबसे बड़ी शक्ति या बल है।)
- 'कायर तो जीवत मरत
  दिन में बार हजार।'
  (कायर या डरपोक आदमी दिन में हज़ार बार मरता है।)
- 'हिम्मते मर्दा मददे खुदा।'
  (जो हिम्मत करता है उसे भगवान भी सहायता करता है।)
- धर्मराज, संन्यास खोजना
  कायरता है मन की,
  है सच्चा मनुजत्व
  ग्रंथियां सुलझाना जीवन की।

OOO

साहस सुख-सफलता का स्त्रोत

1

शरीर के अंग-प्रत्यंग को जमा देने वाली सर्दी, जब कभी आने वाले बर्फानी तूफान और ऊंचाई के कारण सांस लेने में होती हुई कठिनाई, इस पर चोटी की चढ़ाई इतनी सीधी कि अगर कदम फिसले तो अनंत गहरी घाटी में गिरकर मौत के भयानक मुंह में। लेकिन हिमालय पर्वत की चोटी एवरेस्ट, जो संसार की सबसे ऊंची चोटी है, की ओर चढ़ते हुए तेनसिंह को यह सब सोचने की फुरसत कहां थी, वह तो बस एक-एक कदम बढ़ाता हुआ चोटी की ओर बढ़ा जा रहा था। यह बात नहीं कि वह मृत्यु की संभावना को जानता न हो लेकिन उसके अपार साहस के सामने पर्वत शिखर पर चढ़ने की रोमांचक कठिनाइयां, भयानक कष्ट और मृत्यु कुछ भी नहीं ठहर पाता था। उसका बस एक ही स्वप्न था—एवरेस्ट पर विजय। भयानक कष्टों और मृत्यु के बारे में विचार करने की न उसे फुरसत थी, न इच्छा। और अंत में, तेनसिंह के इस साहस ने एवरेस्ट की चोटी पर विजय पाकर सारे संसार को चकित कर दिया।

जीवन का कोई भी क्षेत्र हो—प्रेम या युद्ध, अंतरिक्ष या सागर, राजनीति अथवा धर्म, व्यापार या नौकरी, विज्ञान अथवा साहित्य सफलता सदैव उन लोगों को प्राप्त हुई है, जिन्होंने साहस किया है, हिम्मत जुटाई है। इसीलिए कहते हैं, 'हिम्मते मर्दा मददे खुदा।' जो हिम्मत करता है, उसकी परमात्मा भी सहायता करता है।

आप किसी भी महापुरुष के जीवन के पृष्ठों को पलटिए—चाहे वह अमरीका के अब्राहम लिंकन या मार्टिन लूथर किंग हों; भारत के महात्मा गांधी अथवा सुभाषचंद्र

बोस हों; वैज्ञानिक आइन्स्टीन हों या जयंत नार्लिकर; व्यापारी जमशेद जी टाटा हों हेनरी फोर्ड, इन सभी में अन्य गुणों के साथ जो गुण आवश्यक रूप में था, वह था साहस इस एक साहस के बिना उनके सभी गुण व्यर्थ हो जाते।

आप भी तीन अक्षरों के इस गुण को अपनाकर अपने जीवन को सफल, सुखी तथा समृद्ध बना सकते हैं। यह एकमात्र ऐसा महान गुण है जो व्यक्ति में उत्साह, लगन और आत्मविश्वास जैसे अन्य महत्वपूर्ण गुणों को जन्म देता और विकसित करता है। भारत के महानचिंतक और समाजसुधारक स्वामी विवेकानंद ने कहा था—'युवको! यदि तुम कुछ करना चाहते हो तो साहसी और बलवान बनो। बिना साहस किये इस जगत में कुछ भी महत्वपूर्ण कार्य नहीं किया जा सकता।'

महान लेखक और विद्वान राहुल सांकृत्यायन ने एक स्थान पर लिखा है—'भागो नहीं बदलो।' जीवन की समस्याओं और कठिनाइयों को देखकर भागना कायरता है। साहसी व्यक्ति उनका सामना ही नहीं करते, उन समस्याओं को ही अपनी सफलता की सीढ़ी के रूप में बदल देते हैं।

आधुनिक सभ्यता ने आज तक जो वैज्ञानिक उन्नति की है उसके पीछे भी इसी गुण का चमत्कार छिपा है। अंतरिक्ष की अनंत यात्रा पर जाते हुए अंतरिक्ष यात्री, सागर की गहराई में जाने वाले गोताखोर और उत्तर तथा दक्षिण ध्रुवों की खोज करने वाले वैज्ञानिक बिना साहस के एक कदम भी अपने मार्ग पर आगे नहीं बढ़ सकते थे।

अब प्रश्न यह होता है कि मानव का यह अति महत्वपूर्ण गुण 'साहस' क्या है?

प्रसिद्ध मनोवैज्ञानिक ओ. होबार्ट मोरर (O. Hobert Mowrer) के अनुसार, जिन परिस्थितियों में भय अनुभव होने की संभावना होती हो उनमें भय न करना ही साहस है। दूसरे शब्दों में, 'निर्भयता ही साहस है'। जिस प्रकार भय के अनेक रूप होते हैं उसी प्रकार साहस के भी विभिन्न रूप होते हैं।

ऐसे व्यक्ति भी होते हैं जो किसी कार्य में भय अनुभव करने के बावजूद भी उसे करते रहते हैं। वास्तव में ऐसे व्यक्तियों को साहसी ही कहा जाएगा क्योंकि वे भय के आगे घुटने नहीं टेकते। मनोवैज्ञानिकों के अनुसार, केवल 1 से लेकर 2 प्रतिशत लोग ही ऐसे होते हैं, जिन्हें बिलकुल भी भय नहीं लगता।

साहसी व्यक्ति में पाये जाने वाले गुण

❑ उसे अपने कार्य से संबंधित भय का ज्ञान होता है परंतु वह अपने विचारों तथा ध्यान को कार्य की सफलता की ओर वह केंद्रित रखता है।

❑ उसे अपने कार्य से संबंधित आवश्यक जानकारी होती है। वह अपने साहसपूर्ण कार्य का प्रशिक्षण प्राप्त कर चुका होता है।

- वह दूसरों की कटु आलोचनाओं या टिप्पणियों से प्रभावित नहीं होता।
- समस्याओं और कठिनाइयों को स्वयं हल करने और समयानुसार स्वतंत्र निर्णय लेने की योग्यता उसमें होती है।
- उसमें अपनी भावनाओं और विचारों को नियंत्रित करने की शक्ति होती है।
- उसमें आत्मविश्वास और अपनी सफलता का अटूट निश्चय होता है।
- वह चिंता और क्रोध करने की बजाय घोर संकट में भी अपने मनोमस्तिष्क को संतुलित रखता है।

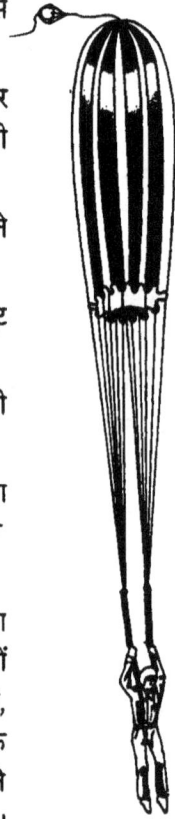

अब दूसरा और सबसे महत्वपूर्ण प्रश्न यह है कि क्या व्यक्ति भय पर विजय पाना और साहसी बनना सीख सकता है?

निश्चय ही व्यक्ति अपने भयों पर विजय पाने का प्रशिक्षण प्राप्त कर साहसी बन सकता है। विभिन्न सेनाओं के सैनिक, अंतरिक्ष यात्री, अग्नि-शमन सेवाओं के कर्मचारी, विमान चालक आदि इस तथ्य के जीवंत उदाहरण हैं कि यदि व्यक्ति में सच्ची इच्छा और सच्चाई का सामना करने का साहस हो, तो वह अपने भयों पर विजय पा सकता है।

वास्तव में जीवन में सच्ची सफलता, सुख, स्वास्थ्य और संपन्नता पाने के लिए अपने भयों पर विजय प्राप्त कर साहसी बनना प्रथम आवश्यकता है।

आप भी साहसी बनकर मनोवांछित सुख तथा सफलता प्राप्त कर सकते हैं। इसके लिए बस दृढ़ इच्छाशक्ति चाहिए।

OOO

अपने भय को जीतो, सुख-शांति से जिओ

2

आधुनिक मनोवैज्ञानिक खोजों तथा प्रयोगों से यह सिद्ध होता है कि भय मानव जाति का सबसे शक्तिशाली शत्रु है। अंतरराष्ट्रीय-स्तर पर राष्ट्रों की सरकारों के बीच परस्पर एक-दूसरे से किसी-न-किसी प्रकार का भय होने के कारण ही विश्वयुद्ध होते हैं। पिछले दो विश्वयुद्ध इस बात के सबूत हैं। दूसरे विश्वयुद्ध के बाद चलने वाले शीतयुद्ध का भी यही कारण था। वर्तमान काल में भी विश्व के बड़े राष्ट्रों को यह भय रहता है कि अफ्रीका और एशिया के विकासशील देश कहीं उनसे शक्ति तथा धन में आगे न निकल जाएं इसीलिए भांति-भांति के अंतरराष्ट्रीय तनाव और समस्याएं उत्पन्न होती हैं।

राष्ट्रीय स्तर पर विभिन्न धर्मों, जातियों एवं संप्रदायों के बीच भय की संभावना होने से ही तरह-तरह के दंगे-फसाद, झगड़े आदि होते हैं। आतंकवादी गतिविधियों का लक्ष्य भी शत्रु देश के निवासियों में इतना भय फैलाना होता है कि वहां की सरकार तथा जन-जीवन ही ठप्प हो जाए। परंतु प्रस्तुत पुस्तक का लक्ष्य इन विषयों में न जाकर व्यक्ति की निजी मानसिकता को विभिन्न प्रकार के भयों से मुक्त करने और उसे साहसी बनाने के उपायों पर प्रकाश डालना है, जिससे वह अपने व्यक्तित्व का पूरा विकास कर सुख-शांति तथा सफलता प्राप्त कर सके।

भय के कारण ही व्यक्ति तरह-तरह की चिंताओं और आतंक का शिकार बनता है। इसके कारण वह अनेक शारीरिक और मानसिक रोगों से भी पीड़ित हो जाता है। अतः यह ठीक ही कहा गया है कि एक कायर व्यक्ति जीवन में सैकड़ों बार मृत्यु की यंत्रणा से गुजरता है। उसके व्यक्तित्व का विकास रुक जाता है। उसे मनोवांछित सुख तथा सफलता कभी नहीं मिल पाती। दिन में जागते हुए उसे अनेक प्रकार की चिंताएं सताती रहती हैं, जिससे वह शीघ्र ही किसी-न-किसी बीमारी की चपेट में आ जाता है। सोते समय उसका भय भांति-भांति के भयानक सपनों के रूप में प्रकट होता है। इस प्रकार उसे न दिन का चैन मिलता है और न रातों का सुख।

भय का मूल भाव एक है, पर वह अनेक रूपों में प्रकट होता है। भय से ही वह चिंता उत्पन्न होती है, जिसे चिता से भी अधिक पीड़ादायक माना जाता है। ईर्ष्या-द्वेष, संशय, अंधविश्वास, असहनशीलता, अति लोभ, घोर कंजूसी, अतिखर्चीलापन आदि भय के विभिन्न रूप हैं। भय मनुष्य के अंग-प्रत्यंग और मस्तिष्क को अकर्मण्य बनाने का यत्न करता है जिसके फलस्वरूप मनुष्य की प्रसन्नता और कार्यकुशलता नष्ट हो जाती है।

प्रत्येक व्यक्ति का चेतन या अचेतन मन किसी-न-किसी प्रकार के भय से थोड़ा-बहुत अवश्य प्रभावित होता है। देखा गया है कि अधिकांश लोग जीवन का महत्वपूर्ण भाग पूरा कर लेते हैं, पर अपने अहंकार अथवा अज्ञान के फलस्वरूप यह कभी नहीं जान पाते कि भय के कारण वे बहुत से प्रसन्नतादायक कार्य नहीं कर पाए। यही नहीं वरन् वे महान सफलताओं को पाने से केवल इस कारण वंचित रह जाते हैं कि उनमें थोड़ा-सा धीरज, संयम तथा साहस रखकर एक कदम और आगे बढ़ाने की शक्ति नहीं थी।

इसके विपरीत साहसी व्यक्ति कठिन-से-कठिन परिस्थितियों में भी संयम तथा धैर्य धारण किये, हंसता-खेलता आगे बढ़ता चला जाता है। महान सफलता पाने वाले ऐसे साहसी व्यक्ति के उद्‌गारों को एक शायर ने बहुत ओजस्वी रूप में प्रकट किया है—

हंसता-खेलता चला जाता हूं [1] मौजे हवादिस से
अगर आसानियां हों तो जिंदगी [2] दुश्वार हो जाए।

लेकिन ऐसी हिम्मत कैसे आए, अपने भयों से कैसे मुक्ति पाई जाए, इस बारे में किसी शायर ने लिखा है—

काट लेना हर कठिन मंजिल, कोई मुश्किल नहीं,
बस ज़रा इंसान में चलने की हिम्मत चाहिए।

प्रस्तुत पुस्तक का मुख्य विषय यही है कि वह अमूल्य साहस जो कठिन-से-कठिन मंजिल को पार कर लेता है, जो असंभव को संभव बना देता है और जिसको पाने के बाद मन के समस्त भयों का नाश हो जाता है, आप अपने में किस प्रकार विकसित कर सकते हैं। निश्चय ही यदि आपमें साहसी बनने की सच्ची इच्छा और लगन है तो आप अवश्य सफल होंगे।

OOO

[1] तूफान की लहरें [2] कठिन

भय: कितना उचित, कितना अनुचित ?

3

यद्यपि कोई भी व्यक्ति यह स्वीकार नहीं करना चाहता कि वह किसी-न-किसी व्यक्ति, परिस्थिति या वस्तु से भय करता है तथापि यह एक सच्चाई है जो लगभग 98% लोगों पर लागू होती है। प्रत्येक समझदार व्यक्ति मृत्यु, पीड़ा, रोग आदि से डरता है। एक उचित सीमा तक इनसे भयभीत होना जीवन की रक्षा के लिए उपयोगी भी है। जीवन की सुरक्षा के लिए उठाये गये कदम, चाहे वे यातायात से संबंधित हों अथवा राष्ट्र की कानून व शांति व्यवस्था से, मनुष्य की बुद्धिमत्ता तथा दूरदर्शिता के ही परिणाम हैं। इनके पालन के पीछे एक प्रमुख कारण 'भय' ही होता है। लेकिन भय की मात्रा जब उचित सीमा को तोड़कर व्यक्ति के मानसिक संतुलन को बिगाड़ने लगती है, तो वह एक रोग का रूप धारण कर लेती है। उससे व्यक्ति के स्वास्थ्य, सुख तथा सफलता पर हानिकारक प्रभाव पड़ने लगता है। उदाहरण के लिए मुजफ्फरपुर के श्री राजाराम दिन में कम-से-कम पच्चीस-तीस बार साबुन से हाथ-मुंह धोते हैं। उनका कहना है कि बढ़ते हुए प्रदूषण के कारण उनके हाथ-मुंह पर कीटाणु जम जाते हैं। कीटाणुओं के भय से वे दूसरों से हाथ मिलाना भी पसंद नहीं करते। यदि वे हाथ-मुंह इतनी बार नहीं धो पाएं तो भोजन करना छोड़ देते हैं। जब भी वह ऐसा नहीं करते, बीमार पड़ जाते हैं। दिनभर अपनी कपड़ों की साफ-सुथरी दुकान पर बैठे रहने वाले राजाराम जी का कीटाणुओं से डरना एक मानसिक रोग का रूप धारण कर चुका है जो कि अनुचित और अस्वाभाविक है।

उपर्युक्त उदाहरण के विश्लेषण से स्पष्ट होता है कि मूल रूप से भय स्वाभाविक और अस्वाभाविक दो प्रकार के होते हैं, इस प्रकार कानून और यातायात के नियमों का पालन इसी स्वाभाविक भय के कारण अपनी सुरक्षा के लिए किया जाता है जबकि अस्वाभाविक भय ऐसे भय हैं जो अनुपयोगी, अनुचित और उन्नति में बाधक हैं लेकिन कभी-कभी स्वाभाविक भय भी ऐसा रूप ले लेते हैं कि वे हमारी सफलता में बाधा बन जाते हैं। उदाहरण के लिए अनूप का अनुभव सुनिए। वह सुपरवाइज़र के पद हेतु एक इंटरव्यू में गया था। यह उसका पहला इंटरव्यू था इसलिए वह कुछ घबराया हुआ और

भयभीत-सा था। इंटरव्यू में उसका सातवां क्रम था। जब पहले उम्मीदवार को इंटरव्यू के लिए अंदर बुलाया गया तो अनूप की घबड़ाहट बढ़ गई, हथेलियां पसीज उठीं और हृदय की धड़कन बढ़ गई। दिमाग परेशान हो उठा कि पता नहीं इंटरव्यू में क्या पूछा जाए। वह दो बार 'टॉयलेट' गया। एक सिगरेट पी, लेकिन उसका भय कम होने के बजाय बढ़ता ही जा रहा था। उसे समझ में नहीं आ रहा था कि इंटरव्यू की अच्छी तैयारी करके आने के बाद भी वह इतना नर्वस क्यों अनुभव कर रहा है। बार-बार अपने शॉर्ट नोट्स पढ़ता, परमात्मा का नाम लेता, पर घबड़ाहट कम होने का नाम नहीं ले रही थी। उसे विश्वास होने लगा कि वह इंटरव्यू में सफल नहीं हो पाएगा।

एक घंटे बाद इंटरव्यू देने के लिए उसका नाम पुकारा गया। कमरे के अंदर पहुंच कर उसने इंटरव्यू बोर्ड के सदस्यों का अभिवादन बड़ी कठिनाई से किया और कुर्सी पर बैठ गया। उसका चेहरा लाल हो उठा। माथे पर पसीने की बूंदें उभर आयीं। इंटरव्यू में उससे प्रश्न पूछे जाने लगे। उसे सभी प्रश्नों के उत्तर आते थे परंतु वह भय के कारण ठीक से उनके उत्तर नहीं दे सका। वही हुआ जिसका उसे भय था। वह इंटरव्यू में चुना नहीं जा सका।

एक अन्य प्रकार का भय अज्ञात और सुनी-सुनाई भयानक बातों का होता है। इस संबंध में मेरे एक पुराने मित्र श्री हरिद्वार ने अपनी किशोरावस्था की सच्ची घटना सुनाई।

उस समय उनकी आयु करीब 14-15 वर्ष की थी। वह तब नवीं कक्षा में पढ़ते थे। स्वभाव से साहसी थे। एक रात लगभग साढ़े बारह बजे वह अपने छोटे से कस्बे उरई (जि. जालौन, उत्तर प्रदेश) में रामलीला देखने के बाद घर जा रहे थे। कच्ची सड़क सुनसान पड़ी थी। उन दिनों बिजली का प्रकाश वहां नहीं पहुंचा था। कहीं-कहीं इक्का-दुक्का मिट्टी के तेल के लैम्प सड़कों पर लगे रहते थे। रात अंधेरी थी। तेज हवा आयी कि लैम्प गुल। वह उस वक्त सैयद बाबा की मजार के पास से गुजर रहे थे कि उन्हें ध्यान आया कि कुछ दिन पहले ही वहां एक आदमी बेहोश पड़ा पाया गया था। सुबह जब लोगों ने उसे देखा, पानी के छींटे मार-मारकर होश में लाये। होश आने पर उस आदमी ने बताया था कि रात में एक भूत ने उसकी कमीज को पीछे से पकड़कर कहा था—'कहां जाता है। मेरी भूख तो बुझा जा।' वह यह सुनकर डर के मारे बेहोश हो गया था।

यह विचार आते ही हरिद्वार का साहस कूच कर गया। घनघोर अंधेरा, सुनसान सड़क, तेज़ हवा में बड़े-बड़े वृक्ष और दोनों ओर लगी झाड़ियां ऐसे हिलने लगीं मानो सैकड़ों भूत खड़े होकर अपना सिर हिला रहे हों। तरह-तरह की अजीब-अजीब सी भयानक आवाजें सुनायी देने लगीं। तभी उन्होंने महसूस किया कि कोई पीछे से कह रहा है—'कहां जाता है...' बस हरिद्वार एक पल को जड़ हो गये, भय से रोमांचित हो उठे, शरीर कांपने लगा, दिल की धड़कन बढ़ गयी। वे अचानक भाग खड़े हुए। उन्हें लगा कि पीछे से किसी ने उनके कुर्ते को पकड़ लिया है। पर वे बिना चिंता किये सिर पर पैर रख कर भाग खड़े हुए और अपने घर पहुंच कर ही दम लिया।

घर पर उनके बड़े भाई केदारनाथ, जो सेना में लेफ्टीनेंट थे, छुट्टी पर आये हुए थे।

हरिद्वार की घबराहट देखकर उन्होंने पूछा—'क्या बात है भइया! इतने डरे और घबराए हुए क्यों हो?'

हरिद्वार ने सारी घटना सच-सच बता दी। केदारनाथ ने टॉर्च और रिवाल्वर ली और बोले, ''अभी मेरे साथ चल। तेरे भूत के भय को अभी भगा देता हूं।

हरिद्वार का मन तो नहीं हो रहा था पर बड़े भाई से क्या कहते। उनके साथ चल दिये। केदारनाथ भाई हरिद्वार को लेकर उसी स्थान पर पहुंचे। टॉर्च की रोशनी इधर-उधर डाली। उस जगह पर इत्मिनान से घूमते रहे, कहीं कुछ नहीं। एक झाड़ी के कांटे में उन्हें हरिद्वार के कुर्ते का फटा टुकड़ा मिल गया।

केदारनाथ बोले, ''भाई! तेरा भूत तो कहीं नहीं दिखता। लगता है इस झाड़ी में तेरा कुर्ता फंस गया था। हवा अब भी तेज चल रही है। कुत्तों और सियारों की आवाज़ भी सुनाई दे रही है, पर भूत कहीं नहीं है। फिर उन्होंने हरिद्वार को समझाया कि एकांत में और विशेष रूप से अंधेरे में, हमने जो भूत-प्रेत वगैरह की बातें सुनी होती हैं वे ही हमारे ऊपर हावी हो जाती हैं। हमारे भय का विचार ही भूत-प्रेत बनकर हमें सताता है। अब तो भय नहीं लग रहा?''

हरिद्वार को अपने भयभीत होने पर बड़ी लज्जा आने लगी। बोले, ''दादा! माफ़ करना, मैं बेकार में अपने ही भय के विचारों से डर गया था। अब कभी नहीं डरूंगा।''

भयों के ऊपर लिखे उदाहरणों के आधार पर हम उन्हें दो वर्गों में विभाजित कर सकते हैं। (1) अचानक उत्पन्न होने वाला भय, (2) सुदूर या निकट भविष्य में उत्पन्न होने वाला भय।

OOO

भय के शारीरिक लक्षण 4

पिछले उदाहरणों में हमने देखा कि भयग्रस्त व्यक्ति में निम्नलिखित शारीरिक लक्षण प्रकट होते हैं:—

❑ भयभीत व्यक्ति सबसे पहले एक मूर्ति की तरह जड़ हो जाता है फिर एकाएक भाग खड़ा होता है।

❑ उसका हृदय बहुत तेजी से धड़कने लगता है।

❑ त्वचा पीली पड़ जाती है। उससे पसीना निकलने लगता है। वह ठंडी पड़ जाती है। त्वचा की विद्युत ग्राहक शक्ति बढ़ जाती है।

❑ त्वचा के बाल खड़े हो जाते हैं।

❑ मांसपेशियां कांपने लगती हैं। होंठ भी कांपने लगते हैं।

❑ सांस लेने की गति में तेजी आ जाती है।

❑ मुंह सूख जाता है।

यदि भय समाप्त नहीं होता, बढ़ता चला जाता है तो वह आतंक का रूप धारण कर लेता है। आतंकित व्यक्ति के हृदय की धड़कन क्रमहीन रूप से तेजी से बढ़ने लगती है अथवा रुक-सी जाती है, जिससे वह मूर्छित हो जाता है। उसके शरीर का पीलापन बढ़ जाता है। उसे सांस लेने में कठिनाई महसूस होने लगती है। उसकी आंखों की पुतली का आकार बढ़ जाता है, उसके शरीर की मांसपेशियां कड़ी पड़

जाती हैं और भय की अंतिम स्थिति में वह आतंक से भयानक चीख मारता है। त्वचा पर पसीने की बड़ी-बड़ी बूंदें उभर आती हैं। सभी मांसपेशियां शिथिल पड़ जाती हैं, मानसिक शक्तियां कार्य करना बंद कर देती हैं। आतंकित व्यक्ति के शरीर से मल-मूत्र बाहर आ जाता है। व्यक्ति मूर्छित होकर नीचे गिर पड़ता है।

लेकिन मनोविज्ञान के शोधकर्ताओं की राय इस बारे में उपरोक्त लक्षणों के सामान्यीकरण से अलग है। उन्होंने प्रयोगों द्वारा यह सिद्ध कर दिया है कि आवश्यक नहीं कि प्रत्येक व्यक्ति में भय के उपर्युक्त सभी लक्षण प्रकट हों, यही नहीं वरन् उनकी तीव्रता में भी कमी या अधिकता हो सकती है। मनोविज्ञान के अनुसार, जिस समय मानवजाति अपनी आदिम जंगली अवस्था में थी तब भय से उत्पन्न (involuntary) अनायास क्रियाएं उसे संकट के समय लड़ने या फिर वहां से भागने में सहायक होती थीं। यद्यपि आधुनिक युग में लड़ने या भागने की आवश्यकता नहीं रह गयी है परंतु आदिकाल से मानव शरीर में होने वाली अनायास क्रियाएं उसी प्रकार से होती चली आ रही हैं। इस स्थान पर हमें अपने शरीर द्वारा की जाने वाली क्रियाओं के बारे में महत्वपूर्ण आवश्यक जानकारी प्राप्त कर लेनी चाहिए। हम जब अपने विचार के अनुसार बोलते, चलते, बैठते, खेलते या विश्राम करते हैं तो ऐसी क्रियाओं को हम स्वैच्छिक क्रियाएं कह सकते हैं अर्थात् ये क्रियाएं हमारा शरीर हमारे चेतन मनो-मस्तिष्क की इच्छा के अनुसार

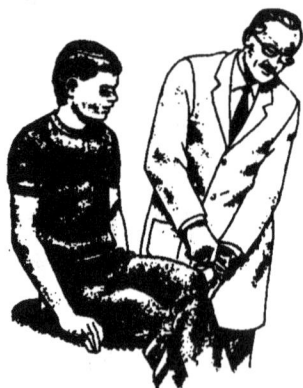

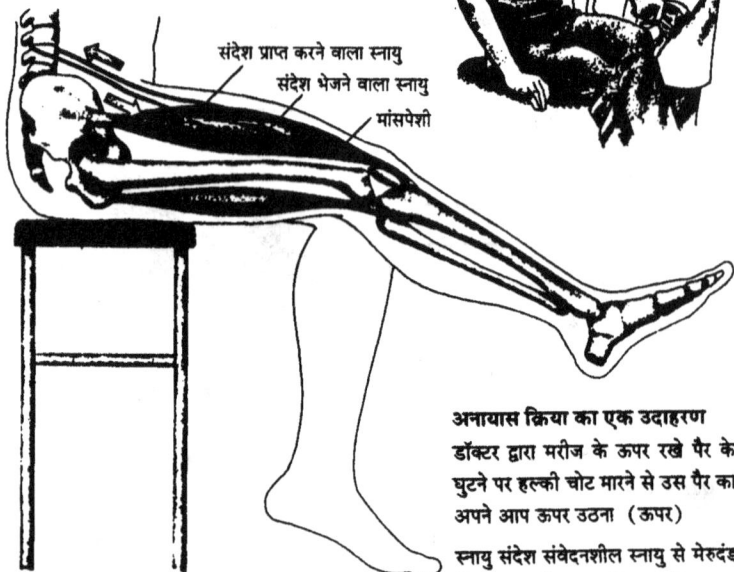

संदेश प्राप्त करने वाला स्नायु
संदेश भेजने वाला स्नायु
मांसपेशी

अनायास क्रिया का एक उदाहरण
डॉक्टर द्वारा मरीज के ऊपर रखे पैर के घुटने पर हल्की चोट मारने से उस पैर का अपने आप ऊपर उठना (ऊपर)

स्नायु संदेश संवेदनशील स्नायु से मेरुदंड में जाकर आदेश पाता है (बाएं)

करता है। किंतु शरीर की बहुत सी क्रियाएं अपने-आप होती रहती हैं, जैसे—पलकों का झपकना, सांस लेना, पसीना आना आदि। शरीर की आंतरिक क्रियाएं, जैसे कि भोजन का पचना, पसीना निकलना, हृदय का धड़कना इत्यादि भी स्वतः ही होती हैं। इनका नियंत्रण हमारे शरीर के केंद्रीय प्रबंध की एक शाखा स्वचालित प्रबंध द्वारा होता है। यह शाखा मेरुदंड के दोनों ओर होती है और अनेक रेशों द्वारा मेरुदंड से संबंधित होती है। स्वचालित प्रबंध में बहुत से गंड (ganglion) होते हैं। वे सब विभिन्न रेशों द्वारा हमारे शरीर के आंतरिक अंगों से संबंधित होते हैं।

स्वचालित प्रबंध का एक विशेष कार्य रागात्मक व्यवहार में आंतरिक अंगों की क्रियाओं का उद्दीपन करना होता है। शारीरिक क्रियाओं का नियामन और उद्दीपन शरीर में स्थित कई तरह की ग्रंथियों (glands) द्वारा होता है। इन ग्रंथियों से हार्मोन्स (harmones) का स्राव होता है। ये हार्मोन्स तत्काल खून में मिलकर शक्ति का संचार कर देते हैं, जिससे क्रोध, भय आदि की मानसिक स्थिति में व्यक्ति उन कठिन कार्यों को भी कर लेता है जिन्हें वह सामान्य स्थिति में नहीं कर सकता। हमारा शरीर हर स्थिति में एक संगठित इकाई की तरह प्रतिक्रियाएं कर सके इसके लिए स्वचालित प्रबंध के रेशों और मस्तिष्क के केंद्रीय प्रबंध में घनिष्ठ कार्यात्मक संबंध होता है। स्वैच्छिक एवं स्वचालित प्रबंध दोनों ही हमारे स्नायु तंत्र (nervous system) पर निर्भर करते हैं। शरीर की स्वचालित क्रियाओं के होने में चेतन मस्तिष्क का हस्तक्षेप नहीं होता, वे अनायास होती हैं, उदाहरण के लिए सांप को देखते ही चीख मारते हुए भागना, आंख के सामने कोई चीज़ आने या आंख में पड़ने की संभावना होते ही पलक झपक जाना आदि। इन क्रियाओं में क्रिया पहले होती है और चेतन मस्तिष्क को उस क्रिया का ज्ञान बाद में होता है। अचानक उत्पन्न होने वाले भय में हमारी शारीरिक-मानसिक प्रतिक्रियाएं (भय के लक्षण) भी इसी प्रकार की स्वचालित क्रियाओं के अंतर्गत ही आती हैं।

सुदूर या निकट भविष्य में उत्पन्न होने वाले भय से मन में उसे हल करने से संबंधित तरह-तरह की चिंताएं जन्म लेती हैं।

भय का मन पर प्रभाव

- भय की प्रारंभिक अवस्था में चेतन मस्तिष्क में एक प्रकार की जड़ता या निश्चेष्टता आ जाती है। चेतन मस्तिष्क यह निर्णय नहीं कर पाता कि क्या करना चाहिए अथवा क्या नहीं करना चाहिए?
- अचानक आ जाने वाले भय से अचेतन मस्तिष्क की स्वचालित प्रणाली द्वारा शारीरिक क्रियाएं नियंत्रित होने लगती हैं और चेतन मस्तिष्क उस समय जड़ रहता है।

OOO

भय, दुश्चिंताएं और रोग

5

लंबी तथा अनिश्चित अवधि तक निरंतर बने रहने वाले भयों के मानसिक प्रभावों के बारे में द्वितीय विश्व युद्ध के दौरान यूरोप और अमरीका में गहन अध्ययन किये गये थे। हमारे देश में भी पाकिस्तानी और चीनी आक्रमणों के दौरान कुछ मनोवैज्ञानिकों ने युद्ध से उत्पन्न भयों के प्रभावों का अध्ययन किया था। पाकिस्तान द्वारा भारत के विरुद्ध छेड़ी गयी आतंकवादी गतिविधियों का लक्ष्य भी जनमानस में इतना भय उत्पन्न कर देना है कि जनजीवन ठप हो जाए तथा सरकारी तंत्र भंग हो जाए। इसके बाद विदेशी शक्तियां या उनके एजेंट बड़ी सरलता से देश पर अपना शासन जमा सकते हैं।

इस संबंध में द्वितीय विश्व युद्ध के दौरान अमरीकी सरकार ने 6 हज़ार वायुसैनिकों (एयर मैन) का मनोवैज्ञानिक अध्ययन करने पर पाया कि असहायता और निराशा की भावनाओं से भय में वृद्धि होती है। इसके परिणामस्वरूप वे दुश्चिंताएं करने लगते हैं और गहरे अवसाद के शिकार हो जाते हैं। ऐसे लोगों को रात में ठीक से नींद नहीं आती और भयानक सपने दिखते हैं। उन्हें मानसिक तनाव, पेट दर्द, अपच, घबराहट, मांसपेशियों का फड़कना तथा हृदय संबंधी रोग हो जाते हैं। उनका स्वभाव चिड़चिड़ा और झगड़ालू हो जाता है। जो लोग अपने भय और दुश्चिंताओं पर नियंत्रण नहीं रख पाते उन्हें युद्धभूमि से अस्पताल भेजना पड़ता है।

युद्धकाल हो या शांतिकाल दुखद या कष्टदायक घटना की संभावना को अनुभव करके व्यक्ति को भय अनुभव होता है। यह भय उसके मन में चिंताएं उत्पन्न करने लगता है कि वह किस प्रकार उस भयानक घटना से अपने को बचाए। यदि वह कोई सार्थक उपाय करने में असमर्थ होता है, तो उससे जो असहायता, असमर्थता और निराशा की भावनाएं उत्पन्न होती हैं वे भय को और अधिक बढ़ा देती हैं। इससे वह भांति-भांति के रोगों का शिकार हो जाता है। इसके विपरीत साहसी व्यक्ति संभावित संकट के बारे में यथार्थवादी और तर्कसंगत ढंग से विचारकर उसका हल निकाल लेता है अथवा होनी को स्वीकार करने के लिए सहज भाव से तैयार हो जाता है।

भय की भावना केवल व्यक्ति के मन में ही नहीं होती वह निम्नलिखित बाहरी कारणों से भी उत्पन्न हो सकती है:

❑ शारीरिक, मानसिक अथवा आर्थिक आघात उत्पन्न करने वाली परिस्थितियों का सामना होना।

❑ भय प्रकट करने वाले व्यक्तियों को प्रत्यक्ष अथवा अप्रत्यक्ष रूप से देखना-सुनना अथवा उनकी संगत में रहना।

❑ भय उत्पन्न करने और बढ़ाने वाली खबरें, सूचनाएं, दृश्य आदि सुनना अथवा देखना।

अत: एक संतुलित व्यक्ति जो भयभीत नहीं है, भयग्रस्त व्यक्तियों अथवा वातावरण में पड़कर भय से पीड़ित हो सकता है। यह भय केवल युद्ध में मरने का नहीं, वरन् आर्थिक संकट, बीमारी, सामाजिक आलोचना आदि का भी हो सकता है।

संकट के समय जब हम संभावित स्थिति से निपटने में अपने को असमर्थ पाते हैं तो भय अनुभव करने की संभावना बढ़ जाती है। यदि व्यक्ति को यह विश्वास हो कि संभावित संकट का सामना करने की शक्ति अथवा योग्यता उसमें है, तो भय का अनुभव नहीं होता। संकट का सामना करने और उससे निपटने की शक्ति व्यक्ति में तभी होती है जब उसे आनेवाले संकट का पूरा ज्ञान हो। संकट और उसके घटित होने के समय के बारे में अज्ञान होने से व्यक्ति उसका सामना करने की अपनी शक्तियों, साधनों और योग्यताओं का अनुमान नहीं लगा पाता। इसके परिणामस्वरूप उसके भय में वृद्धि होती है। अत: वह उस स्थिति से भागने या पलायन करने का प्रयत्न करता है। व्यक्तियों में भय की अनुभूति अलग-अलग तीव्रता से होती है। आवश्यक नहीं कि एक वस्तु अथवा परिस्थिति से प्रत्येक व्यक्ति को भय लगे।

भय का अनुभव होने अथवा साहसी बनने के कारण

माता-पिता और परिवार

प्रत्येक व्यक्ति के मानसिक झुकावों तथा चरित्र पर उसके माता-पिता तथा परिवार का बहुत प्रभाव पड़ता है। वह शिशु अवस्था से अपने माता-पिता तथा परिवार के सदस्यों को जिन वस्तुओं, पशुओं और परिस्थितियों से भयभीत होते हुए देखता है और उन्हें जिस प्रकार भय प्रकट करते हुए देखता है, उसे वह सीख जाता है। उदाहरण के लिए शहर में रहने वाले अधिकांश व्यक्ति सांप देखते ही भयभीत हो उठते हैं, क्योंकि शहरों में सांप बहुत कम होते हैं। लेकिन आदिवासियों या संपेरों को सांप से बिलकुल भय नहीं लगता क्योंकि शिशु अवस्था से ही उनका सांपों से अकसर सामना होता रहता है। उन्हें सांपों के स्वभाव, उनके जहर, उनकी कमजोरियों आदि के बारे में भी भलीप्रकार

पता होता है। वे उसे पकड़ना, उसके जहर के दांत निकालना और उन्हें पालना भलीप्रकार जानते हैं। इसी प्रकार जिन परिवारों के लोग कई पीढ़ियों से सेना या पुलिस में नौकरी करते आते हैं, उनके सदस्यों को वास्तविक युद्ध अथवा लड़ाई-झगड़े को देखकर उतना भय नहीं लगता, जितना उन लोगों को जो युद्ध या लड़ाई-झगड़े आदि से दूर रहते हैं।

वास्तविक जानकारी

जिन बातों के बारे में हमें पूरी जानकारी हो जाती है और उनकी वास्तविकता का पता चल जाता है, उनसे भय लगना समाप्त हो जाता है। उदाहरण के लिए जब हमारे देश के नगरों, कस्बों या गांवों में बिजली नहीं आयी थी और शिक्षा का प्रसार नहीं हुआ था तो आम लोग भूत-प्रेत, चुड़ैल आदि से बहुत डरते थे। लेकिन बिजली आने और शिक्षा का प्रसार होने से यह डर लगभग समाप्त हो गया। बिजली आने से अंधकार को दूरकर प्रकाश में हर चीज स्पष्ट दिखने लगी और शिक्षा द्वारा लोगों ने जाना कि भूत-प्रेत, चुड़ैल आदि जैसी कोई योनि नहीं होती। इसी प्रकार बिल्ली के रास्ता काट जाने, छींक होने, मंत्र-तंत्र, जादू-टोना करने, मृत आत्माओं को बुलाने, देवी-देवताओं पर बलि चढ़ाने आदि से जुड़े भयानक अंधविश्वास और कुरीतियां शिक्षा के प्रचार-प्रसार से समाप्त हो गयीं।

आयु

व्यक्ति की आयु का प्रभाव उसके द्वारा अनुभव किये जाने वाले भयों के प्रकारों पर बहुत पड़ता है। शिशु तथा बाल्यावस्था में अंधकार, शोर, पीड़ा, विचित्र या नयी वस्तुओं आदि से भय लगता है। युवा अवस्था में गरीबी, आलोचना, अपमान, प्रिय के बिछोह आदि से भय लगता है। वृद्धावस्था में बीमारी, आर्थिक असुरक्षा, लूट-मार और मृत्यु से भय लगता है।

मनोवैज्ञानिकों के अनुसार, शिशु छह महीने की अवस्था से नये व्यक्तियों से भय अनुभव करने लगता है। यह भय बच्चे की आयु एक वर्ष की हो जाने के बाद समाप्त होना शुरू हो जाता है, क्योंकि उसे समाज में रहने के कारण नित नये व्यक्तियों को देखना तथा उनके संपर्क में आना पड़ता है। शिशु से मिलने वाले व्यक्ति उसको अपना प्रेम ही देते हैं। इस प्रकार नये-नये व्यक्तियों से मिलने और उनसे प्यार पाते रहने के कारण बच्चे का भय धीरे-धीरे समाप्त होना शुरू हो जाता है। मनोवैज्ञानिकों द्वारा किये गये प्रयोगों में देखा गया है कि दो वर्ष के अधिकांश बच्चे तेज शोर, अंधेरे स्थानों और अकेले रह जाने से डर जाते हैं। सर्वेक्षण के दौरान 6 वर्ष तक के आधे बच्चों को काल्पनिक स्थितियों, अपरिचित पशुओं आदि से भयभीत होते देखा गया। परंतु यह भय दो-तीन वर्ष में स्वतः समाप्त हो जाता है। 15 वर्ष के केवल 5 प्रतिशत बच्चों में यह भय रह गया था।

इन प्रयोगों से यह निष्कर्ष निकलता है कि यदि कोई दुखद या पीड़ाजनक अनुभव न हो और बच्चों का ठीक से लालन-पालन हो तो अपरिचित व्यक्तियों, वस्तुओं या पशुओं से होने वाला भय, अंधेरे और अकेले रह जाने का भय आयु बढ़ने के साथ-साथ स्वत: समाप्त हो जाता है।

बच्चों के ठीक विपरीत वृद्ध लोगों में आयु बढ़ने के साथ पचास वर्ष के बाद कई प्रकार के भय पनपने लगते हैं। इनमें मुख्यत: अकेलेपन का भय, बीमारियों का भय, मृत्यु का भय, दुर्घटना या हिंसा का शिकार होने आदि का भय प्रमुख रूप से होते हैं। जिनके कारणों की पहचान कुछ इस तरह से की गई है—बढ़ती हुई आयु के साथ शारीरिक और मानसिक शक्तियों का कमजोर होते जाना, धनोपार्जन करने की शक्ति का घट जाना, समाज तथा परिवार द्वारा उपेक्षा, जीवनसाथी का मर या बिछुड़ जाना, कोई ऐसा व्यक्ति न होना जिसे अपने दुख-सुख का साथी बनाया जा सके।

यह देखा गया है कि वृद्धावस्था और रिटायरमेंट के बाद भी जो लोग समाज सेवा, राष्ट्र सेवा अथवा धार्मिक कार्यों में लगे रहते हैं, किसी खेल-कूद या साहित्य अथवा कला में रुचि बनाये रखते हैं, जिन्हें संयुक्त परिवार में एक सम्मानित स्थान मिला होता है, जिनका कोई अच्छा और प्रिय मित्र या जीवनसाथी होता है तथा जिनका कोई ऐसा जीवन उद्देश्य या जीविका होती है जिसमें उनकी रुचि होती है, उनमें वृद्धावस्था में भी युवकों का सा साहस तथा उत्साह पाया जाता है।

संगत और समाज

मनुष्य एक सामाजिक प्राणी है। यद्यपि वह जन्म के समय प्राय: अकेला ही होता है और मरते समय भी अकेला ही इस संसार से कूच करता है तथापि जन्मते ही उसे समाज की सहायता और सुरक्षा की आवश्यकता पड़ती है। मनुष्य शिशु अवस्था से ही प्राय: सभी बातें या कार्य परिवार तथा आसपास के लोगों के व्यवहार की नकल करके ही सीखता जाता है। अत: मनुष्य जिस प्रकार के समाज में रहता है और जिन लोगों की संगत में उठता-बैठता है उसका प्रभाव उसके मन पर पड़ता है। व्यक्ति वैसा ही बन जाता है जैसी उसकी संगत होती है। अत: साहसी लोगों की संगत करने से व्यक्ति साहसी स्वभाव का बन जाता है और कायर लोगों की संगत से कायर। उदाहरण के लिए जब गांव का युवक उच्च शिक्षा पाने के लिए नगर में जाकर शिक्षा ग्रहण करना शुरू कर देता है तो कुछ महीनों बाद वह तंत्र-मंत्र आदि के काल्पनिक भयों से काफी हद तक मुक्त हो जाता है। उसके अचेतन में जो भय रह भी जाते हैं, वे बचपन के संस्कारों के होते हैं, उनसे भी वह थोड़े से प्रयास के बाद मुक्त हो सकता है।

कटु अनुभव का अभाव

यदि कोई विशेष भय बार-बार हो और उसके साथ अथवा उसके बाद कोई कटु

अनुभव न हो तो वह भय धीरे-धीरे अपना प्रभाव खो देता है। उदाहरण के लिए दो शत्रु देशों की सीमा के निकट रहने वाले लोगों को गोली-बारी से अपेक्षतया कम डर लगता है। इसका कारण यह है कि ऐसे देशों की सीमा पर प्राय: गोली-बारी होती रहती है। लोगों को उसकी आदत पड़ जाती है। और यदि ऐसी गोली-बारी से भारी नुकसान न हुआ हो, तो उससे लोगों को कम भय होता है। इसके विपरीत व्यक्ति के लिए कोई भी उत्तेजना भय का कारण बन सकती है यदि उसके साथ या उसके तुरंत बाद कोई शारीरिक और मानसिक पीड़ा या चोट बार-बार मिलती रहे। सन् 1972 के भारत-पाक युद्ध के दौरान देखा गया कि जनता में पहले-पहल तो हवाई हमलों का बड़ा डर था। लेकिन जब पाकिस्तानी विमान दो-तीन हमलों के बाद भी कोई विशेष हानि नहीं पहुंचा सके तो जनता का भय बहुत कम हो गया। आज के संदर्भ में आतंकवादी गतिविधियों से पैदा होने वाली दहशत के विस्तार और उसकी गहराई की अपेक्षाकृत कमी को प्रत्यक्ष रूप से आप महसूस कर सकते हैं।

समूह और भीड़ का प्रभाव

समूह अथवा भीड़ में प्राय: व्यक्ति वैसी ही क्रिया करता है जैसा कि उस समूह या भीड़ के अधिकांश लोग कर रहे होते हैं। यदि भीड़ या समूह में भयभीत लोगों की अधिक संख्या है तो प्राय: प्रत्येक व्यक्ति ऐसे लोगों के क्रिया-कलापों से प्रभावित होकर भयभीत हो जाएगा। उदाहरण के लिए यदि भीड़ भरे स्थान पर किसी भी कारण से लोग डर से भाग रहे हैं तो उस भीड़ का वह व्यक्ति भी (भय का कारण जाने बिना) भागने लगेगा, जो सुरक्षित स्थान पर खड़ा है। इसका मनोवैज्ञानिक कारण मनुष्य में अनुकरण करने की प्रवृत्ति होती है।

लेकिन इसके विपरीत साहसी लोगों के समूह का व्यक्ति भीड़ द्वारा प्रकट किये गये भय से बहुत कम प्रभावित होगा। यही कारण है कि सैनिक जनता द्वारा प्रकट किये गये भयों से प्रभावित नहीं होते।

प्रशिक्षण

भय का सामना करने और साहस की उच्च भावना का विकास करने में प्रशिक्षण विशेष महत्व रखता है। युद्ध की भयानक स्थितियों और मृत्यु के तांडव के सामने भी सैनिकों का अपनी ड्यूटी पर तैनात रहना, विकराल अग्नि कांडों में अग्नि शमन विभाग (फायर ब्रिगेड) के कर्मचारियों का आग बुझाने तथा लोगों की जीवन रक्षा करना, इसके बहुत अच्छे उदाहरण हैं। अपने देश की रक्षा करते हुए सैकड़ों देशभक्त वीर सैनिक अपना जीवन बलिदान कर देते हैं। इसी प्रकार कई बार अग्नि शमन करने वाले कर्मचारी दूसरों की जीवन रक्षा करते हुए स्वयं अग्नि में जल जाते हैं। महान त्याग के इन कार्यों के पीछे कठोर प्रशिक्षण और मानव प्रेम या देशभक्ति की भावनाएं ही छिपी होती हैं।

मनोवैज्ञानिक भी भयग्रस्त व्यक्ति को उसके भय से मुक्त करने के लिए एक प्रकार का व्यावहारिक प्रशिक्षण ही देते हैं। प्रशिक्षण के दौरान व्यक्ति को उन भयों की वास्तविक जानकारी दी जाती है और उन स्थितियों का शनै: शनै: सामना कराया जाता है जिनका उसे युद्ध के दौरान सामना करना है। इसके साथ ही उसमें वह योग्यता और कुशलता विकसित की जाती है जिससे वह भावी संकटों का सफलतापूर्वक सामना कर सके। इसके लिए उसे उचित अस्त्र-शस्त्र भी दिये जाते हैं। इन सबके फलस्वरूप वह अपने भयों को जीतकर साहसी, वीर और आत्मविश्वासी बन जाता है। इसी प्रकार विमान चालकों, विमान से छतरी लेकर कूदने वालों, पर्वतारोहियों, पनडुब्बी चालकों आदि को प्रशिक्षण के प्रारंभ में भय लगता है परंतु जैसे-जैसे उनका प्रशिक्षण पूरा होता जाता है उनके भय की मात्रा घटती जाती है और साहस तथा आत्मविश्वास बढ़ता जाता है।

प्रियजनों की रक्षा की भावना

अपने प्रेमी, प्रेमिका या प्रियजनों की रक्षा करने की भावना में बड़ी शक्ति होती है। इस शक्ति की प्रेरणा से व्यक्ति अपने बड़े-से-बड़े भय पर विजय प्राप्त कर लेता है। शत्रु सेना के आक्रमण से अपने प्रिय सैनिक साथियों, परिवार के सदस्यों और देश की रक्षा करने के लिए सैनिक अपने प्राणों की भी परवाह नहीं करते। इस साहस के पीछे प्रशिक्षण के साथ-साथ यह भावना भी सशक्त रूप से कार्य करती है कि वे ऐसा करके उन लोगों की रक्षा कर रहे हैं जो उन्हें अत्यंत प्रिय हैं। देशप्रेम का अर्थ वास्तव में अपने देशवासियों से प्रेम करने की भावना ही है। देशप्रेम की इस भावना के बल पर ही हमारे देशभक्तों और क्रांतिकारियों ने महान साहस के कार्य कर दिखाए हैं।

समाचारपत्रों में साहस की प्राय: ऐसी सच्ची घटनाएं प्रकाशित होती रहती हैं, जिनमें माता-पिता ने अपने बच्चों के लिए, भाई ने अपने भाई-बहनों और मित्र ने अपने मित्र के लिए अद्भुत साहस का परिचय दिया। साहस की यह शक्ति उन्हें प्रेम की प्रेरणा से प्राप्त होती है। सन् 1978 में साहस की एक ऐसी ही अद्भुत घटना प्रकाश में आयी थी। एक युवा मां मध्यप्रदेश के जंगलों में लकड़ी काटने का काम करती थी। वह जंगल में अपने साथ नन्हे पुत्र को भी ले जाती थी। एक दिन जब वह अपने नन्हे बच्चे को पास के एक सुरक्षित स्थान पर सुलाकर लकड़ी काट रही थी कि एक जंगली भालू आ गया और उसके शिशु की ओर बढ़ा। वह मां यह देखते ही कुल्हाड़ी लेकर भालू की तरफ झपटी और भिड़ गयी। और आखिर में भालू को मां के साहस के सामने मैदान छोड़कर भागना पड़ा। यह एक मनोवैज्ञानिक तथ्य है कि माता का अपनी संतान के प्रति प्रेम वह सर्वोच्च भावना है जो फूल-सी कोमल नारी में भी मां चंडी-सा साहस उत्पन्न कर देता है। पिता, भाई, बहन, मित्र आदि में जहां भी यह प्रेम की भावना होती है, उसे साहस का रूप धारण करते हुए आप अकसर देख सकते हैं।

दृष्टिकोण

व्यक्ति किसी घटना को जिस दृष्टिकोण से देखता अथवा उसके प्रति जैसा विचार रखता है वैसा ही अनुभव करने लगता है। जब अष्ट ग्रह (सन् 1961 में) पड़े थे तो फलित-ज्योतिष पर विश्वास रखने वालों का विश्वास था कि अवश्य ही कोई महाविनाशकारी घटना होगी, जिससे अपार जन-धन की हानि होगी। इस मत पर विश्वास

करने वाले अत्यधिक भयभीत थे। वे ग्रहों की शांति के लिए बड़े-बड़े यज्ञ तथा धार्मिक अनुष्ठान करा रहे थे। लेकिन जिन लोगों को फलित-ज्योतिष पर विश्वास नहीं था वे ज़रा भी चिंतित या भयभीत नहीं थे। जब सभी कुछ बिना किसी महाविनाश के गुजर गया तो ज्योतिषी कहने लगे कि ये सब उनके धार्मिक अनुष्ठानों के फलस्वरूप हुआ।

अंधविश्वासों को मानने वाले व्यक्तियों को सदैव किसी-न-किसी अनिष्ट की चिंता लगी रहती है। रास्ते में उन्हें कोई काना आदमी मिल जाए, बिल्ली रास्ता काट जाए, उल्लू बोले या कुत्ता रोने लगे या और कोई अपशगुन हो जाए तो उनका मन भय से भर जाता है। इसका निराकरण केवल इस धारणा से हो सकता है कि जो बातें केवल अंधविश्वास पर आधारित हैं, उन्हें मानना छोड़ दिया जाए।

यह देखा गया है कि जिन व्यक्तियों के माता-पिता अशिक्षित और अंधविश्वासों को मानने वाले होते हैं उनकी शिशु तथा बाल्यावस्था क्योंकि अंधविश्वासों से भरे वातावरण में व्यतीत होती है इसलिए बचपन में जिन अंधविश्वासों को वे मानने लगते हैं उनसे वयस्क होने पर भी मुक्त नहीं हो पाते। वे भी अपने माता-पिता के अंधविश्वासों से भरे दृष्टिकोण को अपना लेते हैं। इसके विपरीत जो अपना दृष्टिकोण शिक्षा तथा अच्छी संगत के कारण सुधार लेते हैं, वे अंधविश्वासों के भयों पर विजय पा लेते हैं।

बाल्यावस्था के संस्कार

हमारे अधिकांश भयों का निर्माण शिशु तथा बाल्यावस्था में पड़े संस्कारों पर आधारित होता है। अत: यह बहुत आवश्यक है कि बच्चे को भूत-प्रेत आदि की व्यर्थ और अंधविश्वास भरी बातों से डराया न जाए। अनेक माता-पिता और घर के बड़े लोग बच्चों से मनचाहा कार्य करवाने के लिए भूत, घोस्ट (ghost) हउआ, शेर, सांप आदि का भय नित्यप्रति करवाते रहते हैं। वे बच्चों से प्राय: कहते हैं—''बाहर मत जाना वरना भूत चिपट जाएगा,'' या ''सो जा, वरना बाबा आ जाएगा'', ''रो मत वरना कुत्ता काट लेगा'' आदि। इससे बच्चों के कोमल मस्तिष्क पर वह बात अपना प्रभाव जमा लेती है और बड़ा होने पर भी वह उन भयों से अंदर-ही-अंदर

डरता रहता है। इन भयों से भयभीत करने की बजाय बेहतर है कि आप बच्चे से साफ-साफ कहें कि आप उससे क्या और क्यों कराना चाहते हैं। यदि वह न माने तो उस पर नाराज़गी जाहिर करें।

प्राय: बच्चा जैसे-जैसे बड़ा होता है, उसके बहुत से भय अपने आप खत्म हो जाते हैं परंतु मां-बाप द्वारा मन पर जमाए भय बड़ी मुश्किल से दूर हो पाते हैं। प्राय: वे अवचेतन मन में पड़े रहते हैं और समय तथा परिस्थिति के अनुकूल होते ही प्रकट हो जाते हैं। यह तथ्य विशेष महत्त्व का है। दुर्भीति रोग की जड़ें (जिसे अंग्रेजी में फोबिया कहते हैं) व्यक्ति की शिशु या बाल्यावस्था के अनुभवों में ही छिपी होती हैं। अत: माता-पिता, अध्यापकों और अभिभावकों को चाहिए कि वे बच्चों पर ऐसे कोई संस्कार न पड़ने दें जिनके कारण उसका व्यक्तित्व भय से पीड़ित हो जाए। बच्चे को हर वस्तु तथा घटना के प्रति सकारात्मक (Positive) दृष्टिकोण अपनाने की शिक्षा देनी चाहिए। उसे शुरू से ही अंधविश्वास के विचारों से दूर रखना आवश्यक है।

शारीरिक स्थिति

मनुष्य के मस्तिष्क में स्थित हाइपोथैलमस उसके संचारी-भावात्मक व्यवहार में बहुत महत्वपूर्ण भूमिका निभाता है (क्रोध, भय, प्रेम आदि भाव संचारी-भावों के अंतर्गत आते हैं)। कोरटैक्स (cortex) या प्रांतस्था भी आंशिक रूप से हाइपोथैलमस को प्रभावित करता है और संचारी-भावों का अनुभव कराता है। मनोचिकित्सकों ने अपने प्रयोगों में विद्युतधारा से बिल्लियों के हाइपोथैलमस को उत्तेजित करके देखा है कि "बिल्ली अपने कान खड़े कर लेती है, गुर्राने और दुम फटकारने लगती है।" हाइपोथैलमस को निकाल देने पर कुत्ते और बिल्ली संचारी-भावात्मक व्यवहार नहीं कर पाते। मनुष्यों में यह देखा गया है जिन मरीजों की रीढ़ की हड्‌डी में चोट आ जाती है या जिनके मस्तिष्क के सामने वाले भाग (frontal lobes) का ऑपरेशन करना पड़ता है, उन्हें संचारी-भावों (भय, क्रोध, प्रेम आदि) का अनुभव बहुत कम होने लगता है। उसके विपरीत यदि मस्तिष्क के अन्य भागों को किसी प्रकार की चोट या क्षति पहुंच जाए तो मरीजों को बहुत अधिक भय तथा क्रोध का अनुभव होता है।

असंतुलित सैक्स जीवन

दुर्भीति-रोगग्रस्त मरीजों का मनोविश्लेषण करने पर पाया गया है ऐसे व्यक्ति के अनेक भय आंशिक रूप से या बड़े पैमाने पर प्रतीकात्मक होते हैं और उसके सेक्स जीवन से संबंधित होते हैं। दूसरे शब्दों में, जिन चीजों या परिस्थितियों से व्यक्ति को भय लगता है, वे वास्तव में उसके मन में छिपे वास्तविक भय की केवल प्रतीक होती हैं और उसका संबंध उसके सेक्स जीवन से होता है। लेकिन ऐसे भयों का प्रतिशत बहुत कम होता है।

आध्यात्मिक धारणा और भय

मनोवैज्ञानिकों द्वारा भय के संबंध में किये गये विश्लेषणों में सबसे महत्त्वपूर्ण वे हैं जो युद्धों के दौरान सैनिकों से प्राप्त तथ्यों के आधार पर किये गये हैं, विशेष रूप से द्वितीय विश्वयुद्ध की अवधि में, जब मनोविज्ञान का विकास हो रहा था।

द्वितीय विश्वयुद्ध में इंग्लैंड की सरकार द्वारा सैनिकों से उनके भय के अनुभवों के बारे में जानकारी एकत्रित करते हुए अनेक महत्त्वपूर्ण तथ्य सामने आये। उनसे यह पता लगा कि जो लोग परमात्मा और पुनर्जन्म के सिद्धांत पर विश्वास करते हैं वे उन लोगों की तुलना में कम भयभीत होते हैं जो अनीश्वरवादी हैं और पुनर्जन्म पर विश्वास नहीं करते। वायुसेना के सैनिकों के प्रश्नोत्तरों से ज्ञात हुआ कि उनमें से साठ प्रतिशत को परमात्मा से प्रार्थना करने के बाद अपने भयों पर विजय प्राप्त करने में बहुत सहायता मिली। स्थल-सेना के 75% सैनिकों को अत्यधिक भयानक परिस्थितियों में भी परमात्मा से प्रार्थना करने पर नया साहस और उत्साह प्राप्त हुआ।

इन प्रश्नोत्तरों से एक अत्यंत रोचक और नया तथ्य सामने आया कि वेतन, पदोन्नति, शत्रु के प्रति घृणा की भावना, किसी विशेष सैद्धांतिक विचारधारा के प्रति समर्पण से भय का सामना करने में विशेष सहायता नहीं मिलती।

कार्य संलग्नता और भय

चिंता और भय को भगाने के लिए अपने मन को किसी-न-किसी उपयोगी कार्य में लगाये रखना लाभदायक सिद्ध होता है। बड़े-बड़े सेनापतियों और देश के कर्णधारों को अनेक प्रकार की भयानक समस्याओं का समाधान करना पड़ता है। इनके लिए वे विशेषज्ञों की सलाह लेते हैं और तर्कसंगत रीति से उनका समाधान निकालते हैं। निर्णय लेने के बाद वे परिणाम की चिंता किये बिना अपने कार्यों में व्यस्त रहते हैं। इसके विपरीत जिन व्यक्तियों के पास कार्य कम होता है और समय अधिक, उन्हें चिंताएं तथा भय भी अधिक सताते हैं।

OOO

भय दूर करने के मनोवैज्ञानिक प्रयोग

6

व्यवहारवादी मनोविज्ञान के प्रमुख प्रणेता जे.बी. वाटसन और मेरी कवर जोन्स ने भय उत्पन्न करने और उसे दूर करने के उपायों पर अनेक महत्त्वपूर्ण प्रयोग किये थे। मेरी कवर जोन्स ने सन् 1924 में पीटर नामक एक तीन वर्षीय बच्चे के भयों को दूर करने का जो सफल प्रयोग किया वह बहुत महत्त्वपूर्ण सिद्ध हुआ। इस बच्चे को सफेद चूहों, खरगोशों, फर, रूई, ऊन आदि चीजों से बहुत भय लगता था। जोन्स ने तीन ऐसे बच्चे लिए जिन्हें इन चीजों से बिलकुल भय नहीं लगता था। पीटर को इन बच्चों के साथ एक कमरे में खेलने का अवसर दिया गया। जब वह खेल रहा था तो पहले दिन बहुत थोड़ी

देर के लिए उस कमरे में खरगोश लाया गया। पीटर खरगोश को देखने के बावजूद बच्चों के साथ खेलता रहा। दूसरे दिन से खरगोश को उस कमरे में रखने का समय धीरे-धीरे बढ़ाया जाने लगा। पहले खरगोश के पिंजड़े को पीटर से 12 फिट दूर रखा गया, फिर चार फिट दूर और उसके बाद बिलकुल पीटर के पास। पीटर के भय की भावना भी इसके साथ कम होती देखी गई। इसके बाद खरगोश को पिंजड़े से बाहर निकालकर पीटर के पास रख दिया गया लेकिन पीटर नहीं डरा। दूसरे दिन खरगोश को उसके हाथों में रख दिया गया। दूसरे बच्चों की तरह पीटर भी खरगोश के साथ बिना डरे खेलने लगा। जोन्स ने पीटर के भय को दूर करने के लिए इसके साथ ही दूसरी विधि भी अपनायी थी। जब भी खरगोश पीटर के कमरे में आता था, पीटर को उसके खाने की मनपसंद चीज दी जाती थी। इस प्रकार जहां एक ओर खरगोश के पास आने-जाने से पीटर को कोई कटु अनुभव नहीं हो रहा था, वहीं दूसरी ओर खाने के लिए मनपसंद चीज मिलने से खरगोश की उपस्थिति एक मधुर अनुभव से जुड़ती जा रही थी। इसके साथ ही पीटर यह देख-सुन रहा था कि उसके साथ खेलने वाले बच्चे खरगोश से डरने के बजाय उसे देखकर खुश होते थे, वे खरगोश के साथ खेलना चाहते थे। उनके साथ में रहने के फलस्वरूप वह भी उनकी तरह खरगोश से न डरने और उसके प्रति रुचि दिखाने के भावों का अनुकरण करता था।

इस प्रयोग से पीटर को खरगोश से लगनेवाला भय हमेशा के लिए समाप्त हो गया। यही नहीं वरन् उसने सफेद चूहों, फर, रूई, ऊन आदि वस्तुओं से भी डरना छोड़ दिया।

मनोवैज्ञानिक रचनमन ने एक सात वर्षीय लड़के के दुर्भीति (Phobia) रोग को दूर करने के उपायों का बहुत अच्छा और उपयोगी वर्णन किया है। उसे शहद की मक्खियों से अत्यधिक भय लगता था। उसका भय इतना बढ़ गया था कि वह स्कूल जाने, बाहर खेलने या निकलने से भी घबराता था। यह बालक दो वर्षों से इस दुर्भीति से पीड़ित था। वह स्वयं कहता, ''मैं शहद की मक्खियों से बहुत डरता हूं। मुझे डर लगता है कि वह मुझे काट लेंगी और पीड़ा पहुंचाएंगी।'' उसकी मां का कहना था कि शहद की मक्खी को देखकर उसका चेहरा सफेद पड़ जाता था, उसका बदन ठंडा हो जाता था, भय के मारे वह कांपने लगता। उसके पैरों की शक्ति बिलकुल समाप्त हो जाती थी।

कई बार वह मक्खी को देखते ही आंखें बंद करके भागने लगता। भीड़भरी सड़कों पर उसका इस प्रकार भागना खतरे से खाली न था।

मां-बाप, अध्यापकों, दोस्तों ने उसे बहुत समझाया कि शहद की मक्खी से भयभीत नहीं होना चाहिए। जरूरी नहीं कि वह उसे काट ही लें। वह चाहे तो शहद की एक-दो मक्खियों को अपनी कापी से ही मार सकता है, लेकिन उस बच्चे पर समझाने-बुझाने का कोई प्रभाव नहीं पड़ा। आखिर मां-बाप ने सोचा कि उनके लड़के का इस प्रकार शहद

की मक्खी से डरना जानलेवा साबित हो सकता है इसलिए उन्होंने मनश्चिकित्सक की सहायता ली। उस समय बच्चे की आयु 8 वर्ष की हो चुकी थी। मनश्चिकित्सक के पूछने पर बच्चे ने बताया कि उसे कभी शहद की मक्खी ने नहीं काटा, पर उसने अपने सामने अनेक लोगों को देखा है, जिन्हें शहद की मक्खी ने काटा था। इससे उन्हें बहुत पीड़ा हुई थी और वे लोग शहद की मक्खी से डरने लगे थे।

इस बच्चे के डर को दूर करने के लिए पहले उसे शहद की मक्खियों के क्रमशः काले-सफेद छोटे-छोटे चित्र दिखाये गये, उसके बाद रंगीन चित्र, फिर बड़े चित्र, तत्पश्चात रंगीन चित्र। इस प्रकार क्रमशः एक-एक दिन के बाद मरी हुई शहद की मक्खियों को बोतल में बंद करके पहले उससे दूर रखा गया, फिर उस बोतल को उसके निकट लाते गये। जब वह उस बोतल को बिना भय के अपने हाथ में उठाकर देखने लगा तो मरी हुई मक्खियों को बोतल से निकालकर उसके वस्त्रों पर रखा गया। इसके बाद भी जब वह नहीं डरा तो मनश्चिकित्सक मरी हुई शहद की मक्खियों के माध्यम से बच्चे के साथ काल्पनिक खेल खेलने लगा। फिर उसे ऐसे बच्चों को दिखलाया गया जो जीवित शहद की मक्खियों के आस-पास बिना भय के खेल रहे थे। भीतिग्रस्त बच्चे को उन बच्चों के पास धीरे-धीरे करके ले जाया गया।

प्रयोग में हर बार बच्चे को खाने के लिए मन-पसंद चीज दी गई और उसके साहस की प्रशंसा की गई।

आठ दिन की चिकित्सा के बाद वह बच्चा पूरी तरह स्वस्थ हो गया। शहद की मक्खियों से लगने वाला उसका भय समाप्त हो गया था।

भय दूर करने के पांच उपाय

मेरी कवर जोन्स, जिनके दो सफल मनोवैज्ञानिक प्रयोगों के विवरण हम पढ़ चुके हैं, ने भय दूर करने की मुख्य रूप से निम्नलिखित पांच विधियां बतायी हैं:

- ❑ स्वस्थ सामाजिक व्यवहार का अनुकरण करने की प्रेरणा देना। उसके लिए प्रोत्साहित करना। भयभीत व्यक्ति को उन लोगों की संगत में लाना जो उस विशेष भय से मुक्त हैं।

- ❑ उन लोगों की निर्भयतापूर्ण प्रतिक्रियाओं को दुर्भीति-रोगग्रस्त व्यक्ति को दिखलाना।

- ❑ व्यवस्थित रीत से दुर्भीति की ओर से रोगी के ध्यान को धीरे-धीरे हटाना।

- ❑ दुर्भीतिग्रस्त-रोगी को अपने भय पर विजय पाने की मद्धिम प्रक्रिया में प्रेमपूर्वक प्रोत्साहित एवं पुरस्कृत करना।

- ❑ भय धीरे-धीरे, क्रमशः प्रत्यक्ष-रूप से दूर करने की विधि।

यहां इस तथ्य पर बल देना आवश्यक होगा कि दुर्भीति-रोगग्रस्त व्यक्ति के भय को दूर करने के लिए उसको डांटने-फटकारने अथवा शाब्दिक रूप से यह आश्वासन देने से कि उसे भय नहीं लगेगा या उसका भय करना मूर्खता है आदि प्रयत्नों से कभी सही परिणाम नहीं निकलते। विशेष रूप से बच्चों द्वारा किसी प्रकार का भय प्रकट करने पर उन्हें दंड नहीं देना चाहिए।

अनेक मनश्चिकित्सक भय दूर करने की इन पांचों विधियों का एक साथ प्रयोग करते हैं और कुछ रोगी की आयु तथा आवश्यकता के अनुसार दो या तीन विधियों का। इन विधियों का उपयोग वयस्कों के भयों को दूर करने में भी किया जाता है परंतु आयु और रोगी की मानसिक आवश्यकता के अनुसार इनका रूप बदल दिया जाता है।

व्यवस्थित रूप से भय ग्रहणशीलता दूर करने की विधि

इस विधि का प्रारंभ मनश्चिकित्सक जोसेफ वोल्फे (Joseph Wolpe) ने किया था। इस विधि को अंग्रेजी में 'सिस्टेमेटिक डिसेन्सिटाइजेशन' (Systemetic desensitization) कहते हैं अर्थात् व्यवस्थित रूप से भय ग्रहणशीलता दूर करने की विधि। इस विधि का उपयोग हानिकारक आदतों और व्यक्तित्व के विकास के लिए भी किया जा सकता है।

इस विधि के मुख्य रूप से दो भाग हैं। पहले भाग में रोगी की अपने पूरे शरीर की मांसपेशियों को शिथिल करने का प्रशिक्षण दिया जाता है और दूसरे भाग में उसे इसी शिथिल अवस्था में रहते हुए अपने विशेष भय की क्रमश: भयानक से भयानक स्थितियों के दृश्यों की कल्पना करने को कहा जाता है।

भय अथवा दुर्भीति (Phobia) ग्रस्त-रोगी को शिथिलावस्था में, भय के दृश्यों की कल्पना करते समय, चिकित्सक अपनी मांसपेशियों को शिथिल रखने के सुझाव देता रहता है। वह उसे अपने मनोमस्तिष्क को शांत एवं संतुलित रखने के भी आदेश देता रहता है। सर्वप्रथम चिकित्सक रोगी से वार्तालाप कर उन दृश्यों को पूरे विस्तार से निश्चित करता है, जिन्हें उसे शिथिलावस्था में देखना है। सबसे कम भय के दृश्य पहले रखे जाते हैं। उसके पश्चात क्रमश: अधिक-से-अधिक भयानक दृश्य। शिथिलावस्था में इन भयानक दृश्यों को बार-बार देखने से रोगी में शनै: शनै: उनको सहन करने तथा अपने को शांत एवं संतुलित बनाये रखने की मानसिक शक्ति आ जाती है। आधुनिक मनश्चिकित्सक अब इन भयानक दृश्यों को वीडियो या सिनेमा के पर्दे पर रोगी को दिखाने लगे हैं। रोगी की मांसपेशियों आदि के साथ बंधे तार शरीर के अंगों की शिथिलता या तनाव की स्थिति को एक फीडबैंक यंत्र के द्वारा रोगी को बताते रहते हैं। इससे उसे अपने तन-मन पर नियंत्रण पाने में जल्दी सफलता मिल जाती है।

सांपों, कीड़े-मकोड़ों और पशुओं के भयों को दूर करने के उपाय

इन भयों को दूर करने के लिए व्यवहारवादी मनोवैज्ञानिक रोगी का मनोविश्लेषण करके उस भय के अचेतन मन में छिपे कारणों को जानने का प्रयत्न नहीं करते। इसके बावजूद भी उनकी विधि से दुर्भीति (Phobia) ग्रस्त-रोगियों को स्थायी लाभ प्राप्त होता है।

व्यवस्थित रूप से भय ग्रहणशीलता दूर करने की विधि द्वारा साधारण भयों से लेकर दुर्भीति (फोबिया) तक को दूर किया जा सकता है। पाठक इस विधि का भली प्रकार अध्ययन कर अपने तथा दूसरों के भयों को सरलता से दूर कर सकते हैं।

मनश्चिकित्सक पी. लेंग (P. Lang) और डी. लाजोविक (D. Lazovik) ने जोसेफ वोल्फे के प्रयोगों से प्रोत्साहित होकर स्वयं भी कुछ प्रयोग किये। उन्होंने सांपों से होने वाली दुर्भीति (फोबिया) से पीड़ित 24 विद्यार्थियों को चुना। पिट्सवर्ग विश्वविद्यालय के ये विद्यार्थी सांपों को देखकर अत्यधिक भयभीत हो जाते थे। अपनी इस दुर्भीति को उन्होंने स्वयं स्वीकार भी किया था। इनके सामने जब एक विषहीन सर्प रखा गया तो उनमें से कुछ दुर्भीति के कारण अर्ध-मूर्छित हो गये और कुछ भाग खड़े हुए। उनके भय के शारीरिक और मानसिक लक्षणों को देखकर प्रयोग करने वाले मनोवैज्ञानिक इस बात से संतुष्ट हो गये कि वास्तव में ये लोग सांपों की दुर्भीति (Phobia) से पीड़ित हैं।

लेंग और लाजोविक ने इन्हें दो दलों में विभाजित किया। इनमें से एक दल के छात्रों को हम 'प्रयोग मुक्त छात्र' और दूसरे दल को 'प्रयोग युक्त छात्र' कहेंगे।

प्रयोग युक्त छात्रों पर व्यवस्थित रूप से भय ग्रहणशीलता दूर करने की विधि के पूरे प्रयोग किये गये। सर्वप्रथम उनसे प्रेमपूर्वक वार्तालाप करके सांपों से संबंधित भय के दृश्यों को निश्चित किया गया। किन और कैसी परिस्थितियों में उन्हें सांपों से अत्यधिक भय लगता है? किन सांपों से वे सबसे अधिक डरते हैं और किनसे कम? इन समस्त प्रश्नों के उत्तर उनसे विस्तारपूर्वक पूछे गये। उन्हें गहरी शारीरिक शिथिल अवस्था में होने का प्रशिक्षण दिया गया। तत्पश्चात सर्पों से संबंधित भयानक दृश्यों को अपने मानस पटल पर देखने का अभ्यास कराया गया। इन दृश्यों को देखते हुए किसी भी प्रकार के शारीरिक अथवा मानसिक तनाव से मुक्त रहने का प्रशिक्षण दिया गया। इन छात्रों के साथ इस प्रकार के ग्यारह सैशन किये गये।

प्रयोग मुक्त छात्रों को भी शारीरिक शिथिलावस्था का प्रशिक्षण दिया गया। प्रयोग युक्त छात्रों के समान ही उनके साथ बैठकर उन स्थितियों के दृश्यों के क्रम को भी निश्चित किया गया जो क्रमश: साधारण भय से लेकर अधिकतम भय तक के थे। लेकिन प्रयोगमुक्त छात्रों को शिथिलावस्था में उन दृश्यों को कल्पना में सहजभाव से देखने का प्रशिक्षण नहीं दिया गया।

इस प्रयोग के पूरा हो जाने के बाद दोनों समूहों के छात्रों के सामने वास्तविक विषहीन सर्प रखकर उनके भय की प्रतिक्रिया का अध्ययन किया गया। इस अध्ययन से यह ज्ञात हुआ कि जिन छात्रों को शिथिलावस्था में रहते हुए सांपों से संबंधित भयानक दृश्यों को देखने का अभ्यास कराया गया था, उन्हें बहुत ही कम भय अनुभव हुआ जबकि प्रयोग मुक्त छात्रों (जिन्हें शिथिलावस्था में सांपों संबंधी भयानक दृश्यों को देखने का प्रयोग नहीं कराया गया था) को उनकी तुलना में कहीं अधिक भय अनुभव हुआ।

प्रयोग युक्त छात्रों ने शारीरिक और मानसिक दोनों ही रूपों से बहुत कम भय अनुभव किया। उनका यह भय साधारण और स्वाभाविक स्तर का था जो जीवन रक्षा के लिए आवश्यक भी है लेकिन प्रयोग मुक्त छात्रों का भय कुछ कम अवश्य हो गया था, पर स्वाभाविक स्तर पर नहीं आया था। अत: इस प्रयोग द्वारा शिथिलावस्था में मानस पटल पर तटस्थ भाव से देखे जाने वाले दृश्यों की प्रक्रिया का महत्त्व बहुत बढ़ गया।

❑ शिथिलावस्था का लाभ तभी मिलता है जब बिना भय और तनाव के दृश्यों को देखा जाए।

❑ प्रशिक्षण देने वाले के व्यक्तित्व का प्रयोग में शामिल होने वालों पर विशेष प्रभाव नहीं पड़ता। प्रशिक्षक और शिक्षार्थी के मध्य विकसित होने वाली सहानुभूति भय दूर करने की शक्ति नहीं रखती।

- किसी विशेष दुर्भीति के दूर हो जाने पर व्यक्ति अन्य वस्तुओं आदि से भी कम भयभीत होने लगता है।

4. व्यवस्थित रूप से भय की ग्रहणशीलता दूर करने की विधि का तभी पूरा लाभ होता है जब उसके सभी अंगों का प्रयोग किया जाए।

आदर्श व्यक्ति के व्यवहार का अनुकरण कर भय दूर करना

इस विधि का सबसे पहले सफल प्रयोग मनोवैज्ञानिक ए. बांदुरा (A. Bandura), ई. ब्लेंकार्ड (E. Blanchard), और बी. रिटर (B. Ritter) द्वारा किया गया था। इस मनोवैज्ञानिक विधि के अनुसार भयग्रस्त व्यक्ति को नियंत्रित परिस्थतियों में रखते हुए साहसी व्यक्ति अथवा व्यक्तियों की संगत में रखा जाता है। ये व्यक्ति ऐसे रखे जाते हैं जिनके बारे में भयभीत व्यक्ति के मन में आदर तथा प्रेम की भावना हो। यह व्यक्ति ऐसा भी हो सकता है जिसके व्यवहार का अनुकरण भयग्रस्त रोगी करता आ रहा हो अथवा करना चाहता हो। इस प्रकार यह व्यक्ति रोगी के लिए एक आदर्श (मॉडल) का कार्य करता है। अपने आदर्श व्यक्ति को अपने विशिष्ट भय का साहस से सामना करते देखकर रोगी भी धीरे-धीरे उसका अनुकरण कर साहसी बनने का प्रयत्न करता है। इस प्रकार वह अपने भय से मुक्त हो जाता है।

इस विधि का कलकत्ता के एक मनोवैज्ञानिक डॉ. राधा रमण ने एक रोगी का भय दूर करने में सफलतापूर्वक उपयोग किया। दुर्भीति (Phobia) ग्रस्त-रोगी को हम सुविधा के लिए मिस्टर 'क' कहेंगे। नवयुवक मिस्टर 'क' को बिल्लियों से इतना भय लगता था कि उसे देखते ही उनका शरीर कांपने लगता था। हृदय के जोरों से धड़कने के

साथ ही उनके कपड़े भी गीले हो जाते। रात के अंधेरे में बिल्ली की चमकती हुई आंखें देखकर मानों उनकी आवाज गले में फंस जाती। बहुत प्रयत्न करने के बाद भी जब उनका यह भय दूर नहीं हुआ तो वे मनोचिकित्सक के पास पहुंचे। मनोचिकित्सक के पूछने पर उन्होंने अपने भय के बारे में विस्तार से हर बात बताने का प्रयत्न किया। उन्होंने यह भी बताया कि यह भय उन्हें शिशु अवस्था से है। उनके बाबा जी को कुत्ते-बिल्लियां पालने का बहुत शौक था। उनके पिता जी को कुत्ता पालना अच्छा लगता है पर मां-बाप दोनों को बिल्ली पालना बिलकुल पसंद नहीं। वे लोग बिल्ली से बिलकुल नहीं डरते, पर उन्हें उससे चिढ़ है। डॉक्टर ने मिस्टर 'क' को घरेलू बिल्लियों की आदतों, स्वभाव आदि के बारे में प्रकाश डालने वाली एक सचित्र पुस्तक देते हुए कहा, ''आप इसे मन लगा कर पढ़ें और कल अपने पिता को साथ लाएं।''

दूसरे दिन रोगी के पिता से बातचीत करके डॉक्टर को केवल इतना पता चला कि उनका लड़का शिशु अवस्था से ही बिल्लियों से डरता रहा है। इस संबंध में कोई ऐसी घटना उन्हें याद नहीं आयी जिसमें बिल्ली ने उस पर आक्रमण किया हो। पिता अपने बेटे के भय को दूर करने के लिए डॉक्टर के साथ मनोवैज्ञानिक प्रयोग करने के लिए तैयार हो गया। उसे बिल्लियों से बिलकुल डर नहीं लगता था, पर वह उसे एक बेकार का पालतू समझता था, एक ऐसा पशु जो आपकी आंख बचते ही घर के खाने का सफाया कर जाए।

तीसरे दिन डॉक्टर, रोगी और पिता जिस समय कमरे में बैठे जलपान कर रहे थे, दरवाजे पर बंधी एक बिल्ली म्याऊं-म्याऊं कर रही थी। लेकिन मिस्टर 'क' का ध्यान केवल थोड़ी देर के लिए बिल्ली की ओर गया और वह डॉक्टर की रोचक बातों में मग्न हो गया। डॉक्टर को बातों ही बातों में पता चला कि रोगी को फिल्में देखने में बहुत रुचि है। उसने रोगी की रुचि की कुछ फिल्मों के कैसेट मंगवा लिये। दूसरे दिन से वे तीनों जलपान के साथ-साथ फिल्में भी देखने लगे। रस्सी से बंधी बिल्ली को कमरे के अंदर कर लिया गया। हर दिन बिल्ली क्रमशः रोगी के करीब और करीब लायी जाती रही। रोगी का पिता बीच-बीच में जाकर पालतू बिल्ली की पीठ थपथपा आता। इस सबसे रोगी को कोई भय अनुभव नहीं हो रहा था। पांचवें दिन डॉक्टर और रोगी के पिता ने क्रमशः बिल्ली को बिलकुल अपने पास बैठा लिया और उसकी पीठ पर हाथ फेरने लगे। छठे दिन मिस्टर 'क' ने भी बिल्ली की पीठ थपथपायी। सातवें दिन डॉक्टर ने मिस्टर 'क' के पिता को कुछ मिनटों के लिए बिल्ली के साथ अकेला छोड़ दिया। उसके बाद उन्होंने रोगी 'क' से कहा कि 'अब आप चाहें, तो बिल्ली के साथ कमरे में अकेले रह सकते हैं। आपने वास्तव में बहुत साहस का परिचय दिया है। अब आपको उससे बिलकुल डर नहीं लगता है।'

रोगी 'क' बिल्ली के साथ निर्भय होकर उस कमरे में बैठा फिल्म देखते हुए जलपान करता रहा। डॉक्टर बोला, ''लाइट ऑफ करता हूं। अंधेरे में हम इस बिल्ली की चमकती हुई आंखें देखेंगे। क्योंकि अंधेरे में बिल्ली की आंखों की चमक बहुत सुंदर और अद्भुत लगती है। अंधेरा हो जाने के बाद भी रोगी को बिल्ली की आंखें देखकर भय नहीं हुआ। 'क' के पिता और डॉक्टर ने अंधेरे कमरे में बिल्ली के साथ क्रमश: अकेले रहकर 'क' को दिखाया और बताया कि उन्हें किसी प्रकार का भय लगने के बजाय बिल्ली की संगत अच्छी लगी। 'क' ने भी उनका अनुकरण करने की इच्छा प्रकट की, जिसे डॉक्टर ने पूरा किया। इस बार 'क' को बिलकुल भय नहीं लगा। उसके पिता और डॉक्टर ने बधाई दी, 'क' के साहस की प्रशंसा की। इससे पहले भी हर दिन 'क' द्वारा बिल्ली देखकर भयभीत न होने पर डॉक्टर और पिता उसकी प्रशंसा करते थे। इस प्रकार 'क' को बिल्ली के भय से हमेशा के लिए छुटकारा मिल गया।

अंधेरे से होने वाले भय को दूर करने की मनोवैज्ञानिक विधि

मनुष्य की आंखें अंधेरे में कुछ नहीं देख सकतीं। आंखों से ही हमारे मनोमस्तिष्क को अपने चारों ओर की स्थितियों के बारे में जानकारी मिलती रहती है। हमारे मस्तिष्क को बाह्य जगत की 80% जानकारी आंखों के द्वारा प्राप्त होती है। जबकि शेष 20% ज्ञान कान, नाक और त्वचा द्वारा प्राप्त होता है। बाहरी स्थिति की जानकारी मिलते रहने से हमारा मस्तिष्क उसी जानकारी के अनुसार अपने को और शरीर को ढालता रहता है तथा प्रतिक्रियाएं करता रहता है। अंधेरे के कारण जब मनोमस्तिष्क को यह जानकारी नहीं मिलती तो उसे परिस्थिति और अपने आवश्यकता के अनुकूल उचित कार्यों को करने में कठिनाइयां आती हैं। इससे व्यक्ति की शारीरिक सुरक्षा के लिए भी खतरे पैदा हो जाते हैं। अत: उसे भय अनुभव होने लगता है। इस प्रकार यह एक स्वाभाविक भय है। लेकिन यही स्वाभाविक भय जब आवश्यकता से अधिक बढ़ जाता है, तो वह स्वयं एक खतरा बन जाता है। इसी भय का नाश करने के लिए मनुष्य ने अग्नि का आविष्कार किया और उसे एक देवता के रूप में पूजा। मानवजाति के आदि साहित्य वेदों में भी परमात्मा से प्रार्थना की गई है–

'असतो मा सदगमय, तमसो मा ज्योर्तिगमय, मृत्योमामृतंगमय।'

हमें असत्य से सत्य की ओर ले चलो, अंधकार से प्रकाश की ओर ले चलो, मृत्यु से अमरता की ओर ले चलो।

इन्हीं कारणों से अंधकार को अज्ञान का प्रतीक माना गया है। वास्तव में निद्रा के समय को छोड़कर शेष समय कोई भी व्यक्ति अंधेरे में नहीं रहना चाहता। यदि मानवजाति की वैज्ञानिक प्रगति पर ध्यान दिया जाए तो ज्ञात होता है कि बिजली का आविष्कार हो

जाने के बाद से ही उसकी वास्तविक प्रगति में तीव्रता आयी है। विद्युत ऊर्जा ने मनुष्य को अंधकार पर पूरी तरह विजय प्रदान कर दी। इस विजय के फलस्वरूप ही वह अपनी वैज्ञानिक और औद्योगिक प्रगति में नयी तीव्रता ला सका।

अंधेरे का भय प्राय: छोटे बच्चों में पाया जाता है और वह एक-दो वर्ष में स्वत: चला भी जाता है। लेकिन मनोवैज्ञानिक प्रयोगों में यह देखा गया है कि यदि किसी वयस्क व्यक्ति को भी दो-चार दिन के लिए ऐसे स्थान में बंद कर दिया जाए जहां घुप्प अंधेरा हो तथा उससे कोई व्यक्ति संपर्क करने वाला न हो, तो वह बुरी तरह घबड़ा जाता है, वह समय का बोध नहीं कर पाता।

अत: अंधेरे से होने वाला भय यदि व्यक्ति में सावधानी की भावना उत्पन्न करता है, तो वह हानिकारक नहीं लेकिन जब यह भय इस सीमा से आगे बढ़ने लगता है तो वह हानिकारक हो जाता है।

बच्चों को अंधेरे के भय से मुक्त करने के लिए निम्नलिखित उपाय तथा विधियां अपनानी चाहिए:-

- माता-पिता तथा परिवार के बड़े सदस्यों को चाहिए कि वे स्वयं छोटे बच्चों के सामने अंधेरे से डरे नहीं और न ही कोई ऐसी बात कहें अथवा इस संदर्भ में ऐसे उद्‌गार प्रकट करें, जिससे यह प्रकट होता हो कि अंधेरा भय उत्पन्न करने वाली स्थिति है।
- बच्चों को हउवा, भूत-प्रेत, चुड़ैल या ऐसी किसी भी चीज से डराएं नहीं।
- बच्चों को माचिस जलाकर मोमबत्ती जलाना, टॉर्च के द्वारा प्रकाश करना आदि सिखाएं।
- बच्चों से प्रेमपूर्वक पूछें कि उन्हें भय क्यों लगता है और उनके द्वारा बताये गये कारणों को तरीके से दूर करें।

बच्चों के भय दूर करने के उपायों के संबंध में 'शिक्षा भारती' की प्रकाशिका सुश्री मीरा जौहरी द्वारा बताया विवरण बहुत उपयोगी है। अपने इंटरव्यू में उन्होंने बताया—"मैं बच्चों से पूछती हूं कि उन्हें अंधेरे से भय क्यों लगता है?"

"मेरे बच्चे भूत-प्रेत आदि में विश्वास नहीं करते। वे बताते हैं कि उन्हें अंधेरे से इसलिए डर लगता है कि कहीं कोई जहरीला कीड़ा, जैसे—सांप, बिच्छू, छिपकली न हो, या कोई चोर-डाकू न छिपा बैठा हो। मैं टॉर्च साथ लेकर कमरे में जाती हूं। बच्चों को अपने साथ ले जाती हूं। स्वयं टॉर्च जलाकर दिखाती हूं कि कमरे में कोई ऐसी चीज नहीं, जिससे उन्हें नुकसान पहुंचने का खतरा हो। उसके बाद टॉर्च बुझा देती हूं और उसे जलाने को कहती हूं। वह उसे जलाता है, बुझाता है और फिर जलाता है फिर संतुष्ट होकर कहता है—हां मम्मी, यहां तो कुछ नहीं।

''मैं बच्चों को लेकर कमरे के बाहर आ जाती हूं और वहां खड़े होकर कहती हूं कि अब तुम दोनों बच्चे अंदर जाओ, साथ में टॉर्च ले जाओ। देखते हैं कि तुम कितने बहादुर हो?

''मेरे दोनों बच्चे टॉर्च जलाकर अंदर जाते हैं। मैं बाहर से खड़ी-खड़ी उन्हें देखती रहती हूं। वे थोड़ी देर कमरे में रहकर बाहर आ जाते हैं।

''इसके बाद मैं उनसे कहती हूं कि तुम लोग टार्च पकड़ो। मैं अंधेरें कमरे में बिना टॉर्च के जाती हूं।

''मेरे इस प्रयोग का उन पर अच्छा प्रभाव पड़ता है। वे भी अंधेरे में बिना टार्च के चले जाते हैं। अब उन्हें अंधेरे से डर नहीं लगता। अगर अचानक बिजली चली भी जाए तो उन्हें पता होता है कि टार्च, दियासलाई, मोमबत्ती आदि कहां और किस स्थान पर रखी होगी। वे अंधेरे में वहां जाकर मोमबत्ती जला लेते हैं।''

OOO

भयानक फिल्मों, नाटकों और कहानियों का प्रभाव

7

आधुनिक युग में प्रायः सभी बच्चे घरों में रखे टी.वी. सेट्स, वी.सी.आर. आदि पर तरह-तरह की फिल्में देखते रहते हैं। इनमें से बहुत-सी फिल्मों में भूत-प्रेत जिन्न आदि के भयानक या चमत्कारिक कार्य दिखाये जाते हैं। सिनेमाघरों में भी यदा-कदा भय पैदा करने वाली फिल्में प्रदर्शित होती रहती हैं। इन सबका बच्चों के कोमल मनोमस्तिष्क पर गहरा प्रभाव पड़ता है। वे फिल्मों में दिखाये गये दृश्यों के कारण इन व्यर्थ के विचारों से डरने लगते हैं। अतः माता-पिता को चाहिए कि वे बच्चों को ऐसी फिल्मों से दूर रखें। यदि बच्चे ऐसी फिल्में देखें तो उन्हें उसी समय जबकि भयानक दृश्य चल रहा हो यह

बता देना आवश्यक है कि जो कुछ छोटे या बड़े पर्दे पर दिखाया जा रहा है वह गलत और झूठा है। वैसा सिर्फ देखने वालों का मनोरंजन करने तथा उनकी उत्सुकता बढ़ाने के लिए किया जा रहा है।

कुछ बच्चे भयानक दृश्यों को देखकर डर के मारे मां-बाप या परिवार का जो भी बड़ा सदस्य पास बैठा हो उससे चिपकने लगते हैं। बड़ों को चाहिए कि टी.वी. को उसी समय बंद करके बच्चे को बतायें कि यह सब एक झूठा खेल है। टी.वी. को बार-बार बंद और चालू करें तथा बच्चे से करवायें ताकि वह वास्तविकता और पर्दे के झूठ में फर्क समझ सके।

यदि बच्चा आतंक पैदा करने वाली फिल्मों से बहुत ज्यादा डरता हो और ऊपर वाला प्रयोग सफल न हो तो बच्चे से ही टी.वी. का स्विच दबवा कर बंद करवायें। यदि वह बंद न करना चाहे तो स्वयं बंद कर दें। यदि सिनेमाहाल में हैं तो उसकी पीठ पर हाथ रखते हुए आश्वासन दें कि ये सब चलते-फिरते (चलचित्र) फोटो हैं, सच्चाई नहीं।

OOO

सम्मोहन द्वारा अचेतन मन में दबे भयों को दूर करना

8

मनोविश्लेषण प्रणाली का प्रारंभ करने वाले मनोवैज्ञानिक डॉ. फ्रायड ने डॉ. ब्रायर से मिलकर जब न्योरोसिस का अध्ययन प्रारंभ किया तो उनके पास एक नवयुवती का केस आया था। उसकी आयु 21 वर्ष की थी। वह दो वर्ष से बीमार चल रही थी और बहुत से शारीरिक तथा मानसिक विकारों से पीड़ित थी। वैसे उसकी बुद्धि तीव्र थी और वह शिक्षित भी थी। उसे अपनी आंखों की पुतलियों को घुमाने-फिराने में कठिनाई अनुभव होती थी। उसकी अन्य ज्ञानेंद्रियों की शक्ति भी कमजोर पड़ चुकी थी। वह अपना सिर नहीं संभाल पाती थी और प्यास लगने पर भी कई सप्ताहों से पानी नहीं पी सकी थी। उसका भाषा ज्ञान भी कम होता जा रहा था। वह कुछ बातें भूल जाती थी। डॉक्टर ब्रायर ने उसे सहायता पहुंचाने की पूरी कोशिश की। नवयुवती कभी-कभी शून्य अवस्था में पहुंच जाती थी और उस अवस्था में कुछ बड़बड़ाती रहती थी। ब्रायर ने उन शब्दों में छिपे अर्थ को समझने की कोशिश की, पर वह सफल नहीं हुआ। उसने फिर लड़की को सम्मोहित किया और उन शब्दों को दोहराया, जो वह शून्यावस्था में बड़बड़ाती थी ताकि उन शब्दों से संबंधित घटना का कुछ पता चल सके। लेकिन उसके प्रत्युत्तर में लड़की ने जो कुछ कहा वह एक अस्पष्ट कवित्वपूर्ण आकांक्षा के सिवाय कुछ नहीं था। उसका भी कोई अर्थ नहीं निकलता था। हां, अपनी इन कल्पनाओं को प्रकट करने के बाद वह स्वयं को कुछ स्वस्थ जरूर अनुभव करने लगती थी। लेकिन कुछ देर बाद उसकी शून्यावस्था फिर लौट आती थी और उसका फिर उसी प्रकार इलाज किया जाता था।

डॉ. ब्रायर ने बहुत विचार करने के बाद यह निश्चय किया कि नवयुवती को सम्मोहित (Hypnotise) करके उसके मन में दबे विचारों को प्रकट करने के लिए उत्साहित किया जाए, संभव है उससे वह स्वस्थ हो जाए और उन्होंने वैसा ही किया। सम्मोहित करने के बाद उन्होंने रोगिणी को सुझाव दिया कि वह अपने बचपन की वह घटना याद करके बताये, जिससे उसे गिलास में पानी पीने से नफरत हो गयी है।

नवयुवती रोगिणी ने सम्मोहित अवस्था में बताया कि जिस समय वह बहुत छोटी थी, उसे एक आया पालती-पोसती और खिलाती-पिलाती थी। उसे अपनी आया से नफरत थी। आया ने एक कुत्ता पाल रखा था। वह उस कुत्ते से भी नफरत करती थी। एक दिन उसने देखा कि वह कुत्ता गिलास में मुंह डालकर पानी पी रहा है बस तभी से उसे सभी गिलासों से पानी पीने से चिढ़ हो गयी थी। इसके बाद रोगिणी ने पीने के लिए पानी मांगा। डॉक्टर ने एक गिलास में पानी भर कर दिया। वह गिलास से पानी पी गयी। एक गिलास पानी पीने के बाद उसने और पानी मांगा और काफी पानी पी गयी। सम्मोहन अवस्था से जागने के बाद उसने अपने होठों पर पानी का गिलास लगा पाया। लेकिन हमेशा की तरह गिलास फेंका नहीं वरन् शांतिपूर्वक पानी पी गयी। इसके बाद से उसकी पानी न पी सकने की कठिनाई बिलकुल दूर हो गई। कुछ ही सप्ताहों में वह पूर्णतः स्वस्थ हो गयी।

इस प्रयोग से ब्रायर और फ्रायड ने इस तथ्य का पता लगाया कि नवयुवती का गिलास से पानी न पी सकने का कारण कुत्ते के प्रति उसकी अत्यधिक मानसिक घृणा थी। उस घृणा को प्रकट करने के बाद ही उसका मानसिक दबाव और प्रभाव समाप्त हो गया। इसके फलस्वरूप ही वह गिलास से पानी पीना शुरू कर सकी। डॉ. ब्रायर और फ्रायड ने ऐसे अनेक मनोवैज्ञानिक प्रयोग कर यह सिद्ध किया कि सम्मोहनावस्था में अपनी रागात्मक कठिनाइयों को केवल कह भर डालने से ही रोगी को बहुत आराम मिलता है। लोकलाज, माता-पिता व बड़ों का भय तथा सामाजिक भय के कारण हम अपने मन के बहुत से उद्गार नहीं निकाल पाते और वे दबकर मन का अवचेतन भाग बन जाते हैं। इससे अनेक प्रकार के मानसिक रोग जन्म ले सकते हैं। अचेतन मन में हमारी दबी हुई आकांक्षाएं और सैक्स संबंधी इच्छाएं रहती हैं। सम्मोहन की अवस्था में वे हमारे चेतन मस्तिष्क में आ जाती हैं। उन्हें प्रकट करने से उनके हानिकारक प्रभाव दूर हो जाते हैं।

OOO

मुख्य भयों पर विजय पाकर साहसी बनने के उपाय

9

मनोवैज्ञानिकों के अनुसार, मुख्य भयों को निम्नलिखित वर्गों में विभाजित किया जा सकता है। वास्तविकता यह है कि अधिकांश भय एक-दूसरे से थोड़ा-बहुत संबंधित होते हैं। इसलिए यह वर्गीकरण उन भयों को समझने तथा दूर करने के उपायों पर विचार करने की सुविधा के लिए किया जाता है।

मृत्यु का भय

संसार का प्रत्येक जीवधारी यहां तक कि मनुष्य भी मृत्यु से डरता है। अपने जीवन की मृत्यु से रक्षा करना एक स्वाभाविक प्रवृत्ति है। एक उचित सीमा तक मृत्यु से भयभीत होना मानव जीवन के लिए उपयोगी भी है। उसी के कारण मानवजाति औषधियों तथा जीवन की रक्षा करने वाली अनेक चिकित्सा पद्धतियों का विकास करती आयी है और अब भी कर रही है। रहने के लिए मकानों, पहनने के लिए वस्त्रों और जूतों, विभिन्न प्राकृतिक आपदाओं से बचने के उपायों, औद्योगिक दुर्घटनाओं और यातायात दुर्घटनाओं से बचने की विधियों, अग्निशमन के उपायों आदि के विकास के पीछे मृत्यु से बचने की प्रेरणाशक्ति ही रही है।

लेकिन इसके विपरीत जब यही मृत्यु-भय आवश्यकता से अधिक बढ़ जाता है तो यह व्यक्ति की कार्यशक्ति को पूरी तरह नष्ट कर देता है, उसकी मानसिक शांति और संतुलन बिगाड़ देता है तथा अनेक प्रकार के मनोरोगों का कारण बन जाता है।

मृत्यु-भय कितना शक्तिशाली है इसकी जानकारी हमें अनेक विश्वप्रसिद्ध महापुरुषों की जीवनियों से होती है। राजकुमार सिद्धार्थ एक मृतक की अंतिम यात्रा के दृश्य और एक शांत संन्यासी को देखकर ही चिरंतन सत्य की खोज में निकल पड़े थे और भगवान बुद्ध के रूप में उन्होंने विश्व को एक नवीन दर्शन, धर्म तथा जीवन शैली प्रदान की। महर्षि स्वामी दयानंद ने बालक मूलशंकर के रूप में अपने कुछ अत्यंत प्रिय रिश्तेदारों की मृत्यु को देखकर आत्मा तथा परमात्मा के रहस्यों को जानने का निश्चय किया था। इन्हीं

महापुरुष ने आर्य समाज की स्थापनाकर हिंदुओं को पुनः जाग्रत किया और विश्व को सचेत वैदिक ज्ञान के आलोक से उज्ज्वल किया। इस प्रकार मृत्यु का संतुलित भय मानव की ज्ञान पिपासा को जाग्रत करने का कारण भी रहा है।

इस विषय पर आगे विचार करने से पूर्व यह जानना उचित होगा कि मृत्यु का भय क्या और क्यों है?

मनुष्य जानता है कि देह के समाप्त हो जाने के बाद वह इस भौतिक संसार से सदैव के लिए विदा हो जाएगा। उसकी समस्त धन-संपत्ति तथा प्रिय वस्तुएं यहीं रह जाएंगी। उसके प्रियजन भी उससे बिछुड़ जाएंगे। जिन अमूल्य वस्तुओं और व्यक्तियों के लिए वह दिन-रात चिंतित रहा और परिश्रम करता रहा, वह सब एक दिन मौत उससे छीन लेगी। यह विचार उसके मनोमस्तिष्क और हृदय को अत्यधिक आघात पहुंचाता है।

इसके अतिरिक्त मनुष्य को मृत्यु का भय इसलिए भी लगता है क्योंकि वह यह समझता है कि शरीर से प्राण निकलते समय उसे जो शारीरिक पीड़ा होगी वह बहुत कष्टदायक और भीषण होगी। यही कारण है कि प्रत्येक व्यक्ति एक कष्ट तथा पीड़ारहित मृत्यु पाने की कामना करता है।

मृत्यु भय और धर्म

प्रारंभ में जब मानवजाति जंगली अवस्था में थी और विज्ञान का विकास नहीं हुआ था तो चालाक लोग हर प्राकृतिक रहस्य को सीधे परमात्मा का चमत्कार बता देते थे। मनुष्य के मृत्युभय का लगभग सभी धर्मों के आचार्यों ने पूरा लाभ उठाया। स्वर्ग और नरक की कल्पना, न्याय के अंतिम दिन की कल्पना तथा इसी प्रकार की अन्य अवैज्ञानिक तथा तर्क की कसौटी पर सिद्ध न होनेवाली बातें समझायी जाती थीं। प्रत्येक धर्माचार्य यह दावा करता था कि जो मनुष्य उनके धर्म का पालन करेगा उसे मरने के बाद स्वर्ग में हर प्रकार के सुख मिलेंगे। इसके विपरीत उनके धर्म का विरोध करने वालों को नरक में तरह-तरह की घोर यंत्रणाएं दी जाएंगीं। यद्यपि विज्ञान का उदय होने के बाद से इस प्रकार के भय धीरे-धीरे कम होते जा रहे हैं, पर ऊपर लिखित दो भावनाएं—मृत्यु के समय होनेवाली कष्ट-पीड़ा और भौतिक सुख-साधनों, प्रियजनों आदि के विछोह का दुख—अब भी अधिकांश लोगों में होती हैं।

मृत्युभय विशेष रूप से वृद्धजनों और पुरानी बीमारियों के रोगियों को सताता है। इस भय के संबंध में प्रसिद्ध लेखक स्वेटमार्डेन ने विभिन्न डॉक्टरों से मिलकर जो निष्कर्ष निकाले थे, वे बहुत शांतिदायक और मृत्युभय दूर करने वाले हैं। संक्षेप में ये निष्कर्ष निम्नलिखित हैं:

- मृत्यु के समय उपस्थित रहने वाले डॉक्टरों ने अपने निरीक्षण में इस तथ्य को विशेष रूप से पाया कि मृत्यु से ठीक 5-10 मिनट पूर्व नब्बे प्रतिशत रोगियों का कष्ट

प्राय: समाप्त-सा हो गया और वे मानसिक रूप से संतुलित तथा आत्मा-परमात्मा के प्रति श्रद्धा एवं विश्वास से पूर्ण हो गये।

❑ जो लोग मृत्यु को सहजता से स्वीकार करने का दृष्टिकोण रखने के साथ ही परमात्मा की दयालुता में विश्वास रखते थे उनकी मृत्यु उतनी कष्टदायक नहीं हुई जितनी परमात्मा तथा संसार के प्रति कटुता का भाव रखने वालों की।

❑ सच्चे हृदय से दीन-दुखियों की सेवा करने वालों, सामाजिक सेवा और देश सेवा करने वालों, मानवजाति के कल्याण में लगे हुए 80% व्यक्तियों को मृत्यु के समय बहुत कम भय तथा कष्ट अनुभव हुआ। इनमें से 5% व्यक्ति ऐसे भी थे जिन्होंने मृत्यु-समय के कई घंटे पूर्व से ही अनुकरणीय साहस तथा त्याग का परिचय दिया।

मृत्यु और परामनोविज्ञान

आइए अब इस संबंध में परामनोवैज्ञानिकों के विचार जानें। परामनोविज्ञान, मनोविज्ञान की एक नई शाखा है। इसमें उन धारणाओं और रहस्यों का सूक्ष्म अध्ययन किया जाता है जो मनोवैज्ञानिक होते हुए भी मनोविज्ञान के अंतर्गत नहीं आते, उदाहरणार्थ—पूर्व जन्म की स्मृति, भविष्य में होने वाली घटनाओं का ज्ञान हो जाना, विचारों के माध्यम से संप्रेषण या भौतिक जगत में परिवर्तन करना आदि। परामनोवैज्ञानिकों ने भारत, इंग्लैंड, अमरीका और यूरोप के सैकड़ों व्यक्तियों के अनुभवों को लिखने तथा उनकी पुष्टि करने के बाद मृत्यु और उसके बाद के जीवन के बारे में निम्नलिखित तथ्य निकाले हैं:-

❑ ऐसे अनेक बच्चे मिले हैं जो अपने पूर्वजन्म की घटनाओं के बारे में बताते हैं। इन घटनाओं की जांच करने पर उनमें से अधिकांश को सत्य पाया गया।

पाश्चात्य परा-मनोवैज्ञानिक इन घटनाओं के आधार पर पुनर्जन्म का सिद्धांत पूरी तरह स्वीकार नहीं करते, पर वे यह अवश्य मानते हैं कि ऐसे बच्चों के मनोमस्तिष्क में अपने जन्म से पहले हुई घटनाओं की सही स्मृति आ जाने का कोई अदृश्य कारण अवश्य है जो हमारी बुद्धि की पकड़ में नहीं आ पाता।

❑ विभिन्न धर्मानुयायियों के ऐसे लोगों के अनुभव भी नोट किये गये जो प्राय: पूरी तरह मर चुके थे, पर अपने अंतिम संस्कार होने से पहले ही उनमें पुनर्जीवन के लक्षण लौट आये और वे पूरी तरह जीवित हो उठे। इन लोगों को मृत्यु के समय जो अनुभव हुए थे उसके विवरणों को परामनोवैज्ञानिकों द्वारा नोट किया गया। इन विवरणों से ज्ञात होता है कि मृत्यु से कुछ समय पूर्व व्यक्ति के सभी शारीरिक और मानसिक कष्ट समाप्त हो जाते हैं। चेतना समाप्त हो जाने के बाद व्यक्ति को जो विविध अनुभव होते हैं वे उसके धार्मिक विश्वासों से प्रेरित होते हैं। उसे अपने जीवन की सारी घटनाएं एक तेजी से चलते हुए चलचित्र की भांति दिखायी देती हैं।

इन्हें वह स्वप्न के रूप में देखता है। कुछ लोगों ने यह भी बताया कि उनकी जो सबसे अधिक अतृप्त इच्छाएं थीं वे भी इन स्वप्नों के माध्यम से संतुष्ट हुईं।

हिंदुओं को अपने धार्मिक विश्वास के अनुसार, यमदूत और देवदूत, चित्रगुप्त और यमराज का दरबार आदि; ईसाइयों को अपने धार्मिक विश्वास के अनुसार, ईसामसीह, माता मरियम आदि के दर्शन हुए, अर्थात् प्रत्येक व्यक्ति के अचेतन में जो धार्मिक विश्वास जम चुके थे उन्हीं के अनुसार उसने अनुभव किया। ऐसे सभी व्यक्तियों ने किसी व्यक्ति या किसी अज्ञात दिशा से आयी एक आदेशपूर्ण वाणी सुनी कि—'इस व्यक्ति, आत्मा का धरती पर वास करने का समय अभी पूरा नहीं हुआ है। इसे वापिस ले जाओ।'

कुछ व्यक्ति ऐसे भी थे जिन्होंने अपनी मानसिक चेतना समाप्त हो जाने के अतिरिक्त और कुछ अनुभव नहीं किया। परंतु एक बात में सभी का अनुभव लगभग समान था कि मृत्यु के अंतिम समय से कुछ मिनटों पूर्व वे अपने समस्त शारीरिक कष्टों और मानसिक पीड़ाओं से मुक्त हो गये थे।

इन निष्कर्षों से भारत का यह प्राचीन विश्वास लगभग सही सिद्ध होता है कि शरीर से परे भी एक चेतना है, जो मृत्यु से भी नष्ट नहीं होती। महाकवि मैथिलीशरण गुप्त ने ठीक ही लिखा है—

'मृत्यु एक सरिता है
जिसमें श्रम से कातर
जीव नहाकर
करता है नवजीवन धारण।'

यद्यपि आत्मा के संबंध में कोई ठोस वास्तविक प्रमाण नहीं हैं तथापि वैज्ञानिकों के मतानुसार भी हम इस संसार में पदार्थ तथा ऊर्जा को नष्ट नहीं कर सकते, केवल उसका रूप बदल सकते हैं। अत: शरीर समाप्त हो जाने के बाद भी शरीर के तत्व नष्ट नहीं होते और न उसमें निहित चेतना ही नष्ट होती है। केवल उनके रूप बदल जाते हैं। अत: मृत्यु से भयभीत होने की आवश्यकता नहीं है। उसे हमें एक रचनात्मक और विधायक दृष्टिकोण से देखना चाहिए। वास्तव में व्यक्ति मृत्यु के द्वारा वृद्धावस्था तथा रोगों की अनेक यंत्रणाओं से बच जाता है।

'मुझे सुबह का सूरज देखने की आशा नहीं थी'

मैंने मृत्यु के भय से संबंधित जो सच्चे विवरण एकत्रित किये हैं उनमें से कलकत्ता के श्री ए. मित्रा का यह निम्नलिखित अनुभव अत्यधिक प्रेरणापूर्ण है:

''उन दिनों मेरा व्यापार यद्यपि बहुत अच्छा चल रहा था परंतु कुछ आर्थिक और

घरेलू समस्याओं के कारण मैं बहुत चिंतित रहता था। मुझे भय था कि इससे पहले वाले व्यापार में मैंने अपने साझेदार पर विश्वास करके जो गलतियां की थीं, वे मुझे एक दिन आर्थिक रूप से ले डूबेंगी। घर में अपने बड़े पुत्र की खर्चीली आदतों से मैं परेशान था। इन चिंताओं से इतनी बुरी तरह घिर गया था कि रात में ठीक से सो तक नहीं पाता था। तभी मेरे सारे शरीर में खुजली का रोग लग गया। तरह-तरह की दवाइयां कीं, पर कोई लाभ नहीं हुआ। मुझे इतनी तेज खुजली होती थी कि मैं अपना सारा शरीर खुजा-खुजा कर लहू-लोहान कर लेता। मेरे सारे शरीर में जख्म हो गये। मेरे एक घनिष्ट मित्र डॉक्टर थे। मैंने अपने को उन्हें दिखाया। उन्होंने मुझे अपने अस्पताल में भर्ती कर लिया। कई सप्ताह तक वहां मेरा इलाज चलता रहा परंतु कोई लाभ नहीं हुआ। इस दौरान मैंने यह अनुभव किया कि मेरे बीबी-बच्चे भी मुझसे खुश नहीं हैं। वे सारी तकलीफों की जड़ मेरे गलत-निर्णयों को समझते थे।

''मेरे व्यापार में भी घाटा होना शुरू हो चुका था। सहायता देने के लिए न कोई मित्र था न रिश्तेदार। उस समय मुझे ऐसा अनुभव होता था कि इस संसार में धन ही सबसे बड़ा मित्र, सबसे अच्छा रिश्तेदार और सबसे विश्वसनीय सहायक है। मैं घोर निराशा में घिर चुका था। मुझे संसार की समस्याओं और लोगों का सामना करते हुए बहुत डर लगता था। इस डर ने धीमे-धीमे मेरे आत्मविश्वास को पूरी तरह खत्म कर दिया। मुझे विश्वास होने लगा कि मौत की काली छाया मेरे नजदीक आती जा रही है। एक दिन मेरे डॉक्टर मित्र ने मुझे खाने के लिए बहुत तेज दवा दी। थोड़ी देर तक मैंने उससे बड़ी राहत महसूस की। लेकिन चार घंटे बाद मेरे ऊपर असफलता और निराशा का भय अपना अधिकार करने लगा। रात होते-होते मेरा रोग बहुत बढ़ गया और मुझे विश्वास हो चला कि मेरे जीवन की आखिरी रात आ गयी है। सुबह तक मेरी जीवन लीला सदा के लिए समाप्त हो जाएगी। मैंने अपनी पत्नी और बड़े पुत्र के नाम जीवन के अंतिम पत्र लिखे और उसके बाद दवा खाकर इस विश्वास के साथ सो गया कि अब मुझे उठना नहीं है।

''लेकिन महान आश्चर्य! दूसरे दिन सुबह जब मेरी आंख खुली तो मैंने अपने को जीवित पाया। मैं झुंझलाकर कमरे से निकला और नीचे जाने वाली सीढ़ियों की ओर बढ़ चला। सीढ़ियां उतरते हुए मैंने समीप स्थित एक मंदिर से आती हुई भजन की कुछ पक्तियां सुनीं—'तेरा रामजी करेंगे बेड़ा पार, उदासी मन काहे को करे।'

''परमात्मा की शक्ति और सहायता में विश्वास दिलाने वाली भक्तिरस से भरी इन पक्तियों ने मेरे तन-मन में नये प्राण, नया साहस और अपार बल भर दिया।

''मैं सीढ़ियों से उतरकर मंदिर गया और वहां आंखें भींचकर लगभग एक घंटे तक भगवान की भक्ति में डूबा रहा।

''प्रार्थना और ध्यान करने के बाद जब मैं उठा ऐसा प्रतीत हुआ मानो मेरे साथ कोई

चमत्कार घटित हुआ है। परमात्मा द्वारा मेरी प्रार्थना स्वीकार कर ली गई है। मेरे सारे रोग, कष्ट और भय परमात्मा की कृपा से दूर हो गये हैं। उस क्षण के बाद से मैंने हर प्रकार के भय और चिंता को छोड़ दिया। मेरा स्वास्थ्य तीव्रता से सुधरने लगा। एक सप्ताह में मैं पूरी तरह स्वस्थ हो गया और अपने व्यापार में लग गया। मेरे थोड़े से ही परिश्रम से व्यापार में लाभ होने लगा। पुराने व्यापार की आर्थिक समस्याएं और घरेलू विवाद भी शीघ्र हल हो गये।

"आज मैं पचहत्तर वसंत पार कर चुका हूं, पूरी तरह स्वस्थ हूं और एक सुखी जीवन व्यतीत कर रहा हूं। मैं उस मंदिर में सुने भजन को नियमित रूप से गाता हूं, प्रभु प्रार्थना करता हूं और मैंने किसी भी बात से डरना छोड़ दिया है। मैं मुस्कुराते हुए मृत्यु का स्वागत करने के लिए सदैव तत्पर रहता हूं। इसके साथ ही परमात्मा ने इस जीवन रूपी नाटक में मुझे जो भूमिका दी है, उसे पूरी कुशलता से निभाता हूं।

"मुझे पूरा विश्वास है कि इस जीवन में और मृत्यु के बाद भी परमात्मा सदैव मेरे साथ रहेगा और मेरे कष्टों तथा भयों को दूर करेगा।"

वृद्धावस्था का भय: कारण और निदान

प्रत्येक प्रकार का भय चिंताओं को जन्म देता है और चिंताएं व्यक्ति के तन-मन को तेजी के साथ गला-जला डालती हैं। अत: वृद्धावस्था का भय भी व्यक्ति के मन में तरह-तरह की चिंताएं उत्पन्न कर उसकी शारीरिक, मानसिक और आध्यात्मिक शक्तियों को शनै: शनै: समाप्त कर देता है। असलियत तो यह है कि मनुष्य अपनी बढ़ती हुई आयु के कारण शारीरिक और मानसिक रूप से उतना बूढ़ा नहीं होता, जितना कि उसके भय से उत्पन्न चिंताओं के कारण।

वृद्धावस्था का भय निम्नलिखित चिंताओं को जन्म देता है:

❏ शारीरिक तथा मानसिक रूप से कमजोर हो जाने की चिंता।

❏ तरह-तरह के रोगों के लग जाने की चिंता।

❏ आर्थिक असुरक्षा की भावना, क्योंकि प्राय: अधिकांश वृद्धों को कोई सम्मानित पद या नौकरी नहीं मिल पाती।

❏ शारीरिक, मानसिक तथा आर्थिक रूप से कमजोर होने के कारण परिवार तथा समाज से उपेक्षापूर्ण तथा अपमानजनक व्यवहार पाने की चिंता।

❏ चोरों, लुटेरों और बदमाशों से अपनी रक्षा न कर पाने की चिंता।

❏ शारीरिक एवं मानसिक शक्ति के क्षीण हो जाने के कारण सांसारिक सुखों का उपभोग न कर पाने की चिंता।

वृद्धावस्था के भय का प्रभाव

❑ अपनी शारीरिक और मानसिक शक्तियों पर से विश्वास हट जाने के कारण व्यक्ति अपने को कोई भी महत्त्वपूर्ण कार्य करने में असमर्थ अनुभव करने लगता है।

❑ धनार्जन के लिए किये जाने वाले व्यवसाय, व्यापार या नौकरी में उन्नति करने में उसकी रुचि नहीं रह जाती।

❑ वह परिवार, देश और विश्व की समस्याओं में दिलचस्पी लेना बंद कर देता है। उसे लगता है कि अब यह दुनिया शीघ्र ही आने वाले महाप्रलय में स्वाहा हो जाएगी।

❑ समाजसेवा, देश सेवा अथवा कला-साहित्य, संस्कृति आदि कार्यों में भाग लेना उसे बिलकुल अच्छा नहीं लगता।

❑ वह अपने आलस्य में डूबा रहता है। व्यायाम, खेल-कूद आदि में भाग लेना उसे बचकाना लगता है।

❑ वह बराबर कोई-न-कोई रोग लग जाने, चोरों-लुटेरों द्वारा लूट लिये जाने, दुर्घटना हो जाने आदि की चिंताओं से पीड़ित रहता है।

❑ धीरे-धीरे वह वास्तव में इन चिंताओं के कारण समय से पहले ही वृद्ध हो जाता है।

❑ कुछ अधेड़ लोग वृद्धावस्था के भय के फलस्वरूप या तो बहुत विलासप्रिय हो जाते हैं अथवा पूजा-पाठ, सत्संग में आवश्यकता से अधिक समय लगाने लगते हैं।

55

वृद्धावस्था के भय को दूर करने के उपाय

❑ वृद्धावस्था के संबंध में वैज्ञानिक जानकारी बढ़ाइए। शरीर शास्त्र के डॉक्टरों की नवीनतम खोजों के अनुसार इसमें कोई संदेह नहीं कि आयु बढ़ने के साथ-साथ हमारी शारीरिक तथा मानसिक शक्तियां क्षीण अर्थात् कमजोर होती जाती हैं, लेकिन इसके साथ यह भी सच है कि जो लोग नियमित रूप से व्यायाम, योगासन, खेलकूद आदि में भाग लेते रहते हैं उनकी शारीरिक एवं मानसिक शक्तियों के कमजोर होने या घटने की गति अत्यधिक कम हो जाती है। इसी भांति जो व्यक्ति मानसिक शक्तियों का उपयोग होने वाले कार्यों में लगे रहते हैं, उनकी उपयोग में आने वाली मानसिक शक्तियों के क्षीण होने की गति भी कम हो जाती है। उदाहरण के लिए लेखकों और वकीलों की लिखने-पढ़ने, तर्क करने, निरीक्षण करने व स्मरण रखने की शक्तियां आयु बढ़ने के बावजूद भी बहुत कम क्षीण होती हैं।

अतः वृद्धावस्था के भय को दूर करने के लिए अपने कार्य में और अधिक उत्साह से जुट जाइए, लेकिन इसके साथ ही उचित विश्राम करना भी मत भूलिए। नियमित रूप से अपनी रुचि का व्यायाम करिए अथवा खेलकूद में भाग लीजिए।

❑ वृद्धावस्था में उत्पन्न होने वाली अपनी संभावित समस्याओं और उनके समाधानों को विस्तार से लिख डालिए। जिन समस्याओं के बारे में आपको कोई समाधान न सूझ रहा हो, उनके संबंध में अपने रिटायर्ड मित्रों या संबंधित विषय के किसी अनुभवी विशेषज्ञ से सलाह लीजिए। इससे आपकी चिंताएं तथा भय दोनों ही समाप्त हो जाएंगे।

❑ किसी पेंशन योजना, वृद्धावस्था में धनराशि देने वाली योजना अथवा अपनी आवश्यकता के अनुसार वृद्धजनों की आवास योजना के सदस्य बन जाइए, ताकि आपको अपनी वृद्धावस्था में आर्थिक असुरक्षा के भय का सामना न करना पड़े। आज के पूंजीवादी युग में आर्थिक सुरक्षा का अत्यधिक महत्त्व है।

❑ अपनी विचारधारा और दृष्टिकोण को आशावादी बनाने के लिए निम्नलिखित उपायों को अपनाने का प्रयास कीजिए:

   ❑ स्वास्थ्य के नियमों का पालन।

   ❑ युवक, युवतियों और बच्चों के संग खेलना-कूदना, नाचना-गाना।

   ❑ आशावादी तथा विधायक चिंतन करने वाले लोगों की संगति में रहिए।

   ❑ कोई ऐसा समाज सेवा का कार्य करिए, जिससे दीन-दुखी लोगों को सच्ची सहायता मिल सके।

   ❑ नई कला या नई विद्या सीखते रहिए।

- प्रेरणा तथा प्रोत्साहन देने वाला साहित्य बराबर पढ़ते रहिए।

- हर परिस्थिति में विधायक चिंतन तथा दृष्टिकोण रखिए अर्थात् आपका गिलास जितना भरा है उस पर प्रसन्नता अनुभव करिए तथा उसे भरने के लिए आराम से प्रयत्न करिए।

- स्वस्थ तथा सक्रिय मनोरंजन के लिए भी समय निकालिए।

- अपनी पत्नी/पति से नये सिरे से प्यार करिए और यदि आप अविवाहित, विधुर या विधवा हैं तो नया जीवन साथी खोजिए। जीवन तथा यौवन के संबंध में एकत्रित की गई सूचनाओं एवं आंकड़ों से ज्ञात हुआ है कि जो स्त्रियां या पुरुष अधेड़ आयु के बाद भी अपने विपरीत लिंगी साथी या साथिन से प्यार करते रहते हैं, वे अधिक वर्षों तक युवा रहते हैं, उनकी आयु भी अधिक होती है।

- बच्चों की मधुर क्रीड़ाओं, और वृद्धजनों के गंभीर अनुभव तथा ज्ञान से लाभ एवं आनंद प्राप्त करने के लिए संयुक्त परिवार से बेहतर किसी सामाजिक संस्था का निर्माण अभी तक नहीं हुआ है। इसमें एक ओर जहां बूढ़ों को बच्चों के साथ खेलने-कूदने का प्रसन्नतापूर्ण अवसर मिलता है, वहीं दूसरी ओर बच्चों को घर के बूढ़ों से शिक्षा, सुरक्षा तथा प्यार मिलता है। इस प्रकार दोनों ही एक-दूसरे के पूरक के रूप में काम करते हैं।

पीड़ा या दंड का भय

संक्षेप में ये सभी भय शारीरिक अथवा मानसिक पीड़ा के भय हैं। हर प्रकार का दंड हमें पीड़ा ही देता है। हमारे व्यक्तित्व के निर्माण में शिशु तथा बाल्यावस्था में माता-पिता, गुरुजन और बड़ों द्वारा दिये गये पुरस्कार और दंड अत्यंत महत्त्वपूर्ण भूमिका निभाते हैं। हमारे संस्कारों की जड़ें यहीं से बननी शुरू हो जाती हैं। ये भय हमें ऐसे अनेक कार्यों को करने से रोके रहते हैं जो सामाजिक और कानूनी रूप से गलत हैं अथवा जिनको करने से हम बीमार पड़ सकते हैं।

लेकिन अपनी उचित सीमा से अधिक हो जाने पर प्रत्येक भय एक संकट बन जाता है। इन भयों के संबंध में स्व. मेजर बी. एस. प्रधान के विचार पढ़ने तथा मनन करने योग्य हैं। युद्ध के समय गोली लगने, घायल होने अथवा मरने के भय पर जिस प्रकार एक सैनिक विजय प्राप्त करता है, उसी प्रकार हम-आप शांतिकाल में पीड़ा के भय पर विजय प्राप्त कर सकते हैं। युद्ध करते हुए हम पीड़ा पर कैसे विजय प्राप्त कर सकते हैं इस विषय में मेजर बी. एस. प्रधान अपने अनुभवों के आधार पर बताते हैं, ''युद्ध के समय हम भारतीय सिपाही और सेना अधिकारी अपने अपने कार्यों में इतने व्यस्त रहते हैं कि हमें भय या चिंता करने का समय ही नहीं मिलता। हमें पता होता है कि हममें से

कोई भी या हमारी पूरी टुकड़ी दुश्मन के गोली-गोलों का शिकार हो सकती है। लेकिन हमें ऐसी कठोर ट्रेनिंग दी जाती है और हमारे अंदर अपनी जन्मभूमि की रक्षा करने की ऐसी प्रबल भावना होती है कि चोट लगने, पीड़ा होने, गोली लगने, बीमार पड़ने या शत्रु के हाथों लगने पर यंत्रणा पाने का कोई भय हमें नहीं सताता। सच तो यह है कि मैं और मेरा हर साथी-सिपाही देश की रक्षा करते हुए किसी भी प्रकार की पीड़ा सहने के लिए सहर्ष तैयार रहता था। देश के लिए कष्ट सहना या मरना हमारे लिए गौरव की बात है।''

डेंप्सी

प्रसिद्ध मुक्केबाज डेंप्सी ने भय और पीड़ा से अपने-आपको मुक्त रखने का जो फार्मूला अपनाया था, वह भी गौर करने के काबिल है।

अमरीका का यह प्रसिद्ध घूंसेबाज रिंग में जाने से पूर्व मन ही मन दोहराता था—''मुझे कोई नहीं हरा सकता। मेरा प्रतिद्वंद्वी मुझे चोट नहीं पहुंचा सकता। मैं उसके घूंसों की परवाह नहीं करूंगा। मुझे चोट नहीं लगेगी।''

अपने इन प्रोत्साहन भरे विचारों से उसका शारीरिक बल और मानसिक उत्साह बहुत बढ़ जाता था। ऐसा नहीं कि प्रतिद्वंद्वी के घूंसे उसके ऊपर पड़ते न हों। घूंसेबाजी के जीवन में कई बार उसके होंठ कट गये, आंखों पर चोट आयी, लेकिन उसे वे चोटें महसूस नहीं होती थीं। उसे जीवन में केवल एक बार चोट महसूस हुई थी जब तीन पसलियां टूट जाने के कारण उसे सांस लेने में कठिनाई महसूस होने लगी थी।

डेंप्सी को चिंता का राक्षस उस समय सताता था जब वह किसी बड़े मुकाबले की तैयारी कर रहा होता था। कुश्ती हारने के भय से उत्पन्न चिंता के कारण वह जब कभी सो नहीं पाता, तो बिस्तर से उठकर वह शीशे के सामने खड़ा हो जाता और मन-ही-मन कहता—''स्वास्थ्य से बढ़कर कोई चीज महत्त्वपूर्ण नहीं है। अनिद्रा और चिंता से स्वास्थ्य गिर जाता है, इसलिए इसे इसी क्षण से त्याग दो। तुम अपनी विजय पर विश्वास रखो। तुम अपनी मेहनत और परमात्मा की कृपा से यह मुकाबला भी अवश्य ही जीतोगे।''

रिंग में जूझता बड़बोला मुहम्मद अली

इस प्रकार के उत्साह और निर्भयता से भरे अपने आपको दिये जाने वाले सुझावों को (Self suggetions) देने का अभ्यास उसने वर्षों तक किया। इसके अतिरिक्त वह दिन में कई बार परमात्मा से प्रार्थना करता था। प्रार्थना में साहस, आत्मविश्वास और विजय पाने की कामना करता था और प्राय: उसकी प्रार्थनाएं सफल होती थीं। इसी वजह से उसने अपने अधिकांश मुकाबले जीते।

शायद यही वजह है जो मुहम्मदअली और माइकटायसन जैसे प्रसिद्ध मुक्केबाज अकसर बड़बोले होते हैं। उनके बड़बोले के पीछे बॉक्सिंग रिंग में होनेवाली शारीरिक और हारने की मानसिक पीड़ाओं से मुक्त होने की भावना ही काम करती है।

नशों को छोड़ने की पीड़ा

दिल्ली के बालि नगर स्थित 'संतुलन' के डॉ. अश्विनी कुमार ने अपने साक्षात्कार में बताया कि शराब, अफीम, स्मैक आदि भयानक नशों के आदी व्यक्ति मानसिक रूप से रोगी हो जाते हैं। इच्छा होने पर भी वे इनके भयानक चक्रव्यूह से नहीं निकल पाते क्योंकि नशा न करने पर उन्हें अत्यधिक शारीरिक और मानसिक पीड़ा अनुभव होती है। इस भयानक पीड़ा के भय के कारण वे एक पागल व्यक्ति की भांति नशा करने के लिए दौड़ पड़ते हैं। इस पीड़ा से बचने के लिए वे बड़े-से-बड़ा गलत कार्य और अपराध करने तक से नहीं चूकते। ऐसे व्यक्तियों के लिए यह आवश्यक है कि उन्हें जल्द-से-जल्द नशों से मुक्ति दिलवाने वाले चिकित्सा केंद्रों में भर्ती करवाया जाए और उनकी भली प्रकार चिकित्सा करायी जाए। इस चिकित्सा में उन्हें आवश्यक दवाइयां, इंजेक्शन आदि

देने पड़ते हैं। जब उनके शरीर और मस्तिष्क से नशों का प्रभाव समाप्त हो जाता है तब उनकी मनोचिकित्सा भी की जाती है। यह एक लंबी अवधि की प्रक्रिया होती है। इसमें पर्याप्त धन और समय लगता है।

वास्तव में, नशा करना अपना सर्वनाश करना है। अत: बुद्धिमानी इसी में है कि नशों के भयानक चक्र में न फंसा जाए। ऐसे संगी-साथियों से भी बचा जाए जो नशा करते हों। नशों के उपयोग से दूर रहने में ही स्वास्थ्य, सुख और सफलता है।

उपर्युक्त सच्चे उदाहरणों के अनुसार संभावित पीड़ा के भय पर विजय पाने के निम्नलिखित उपाय हैं:

❏ अपने को किसी मानव सेवा, देश सेवा या अपनी रुचि के कार्य में व्यस्त रखिए।

❏ अपने को प्रेरणा तथा उत्साह से भरे सुझाव दीजिए।

❏ भय पर विजय पाने के उपायों को जानिए और उन्हें अपनाइए।

❏ अपने को संकट का सामना करने के लिए भलीप्रकार प्रशिक्षित करिए।

❏ परमात्मा पर विश्वास रखते हुए सच्चे हृदय से प्रार्थना करिए।

प्रिय व्यक्ति की मृत्यु अथवा प्रिय के विछोह का भय

प्रत्येक व्यक्ति अपने परिवार के सदस्यों और एक-दो मित्रों को अत्यधिक प्यार करता है। यदि मृत्यु अथवा दुर्घटनावश उसका प्रिय व्यक्ति बिछुड़ जाए तो उसे अत्यधिक मानसिक आघात पहुंचता है। इसी प्रकार यदि बच्चा घर से कहीं बहुत दूर स्कूल में पढ़ता हो तो मां-बाप को उसकी चिंता होना स्वाभाविक है। उन्हें बच्चे की सुरक्षा के बारे में तरह-तरह के भय और आशंकाएं घेरे रहती हैं। इस प्रकार के भयों का सामना करने के लिए हमें एक 'क्रमबद्ध वैज्ञानिक विधि' अपनानी चाहिए।

किसी भयानक घटना के घटित होने की आशंका करने में अपना समय नष्ट करने के बजाए हमें उस घटना को रोकने के उपायों को अपनाना चाहिए। उदाहरण के लिए बच्चों की सुरक्षा के लिए आने-जाने के एक अच्छे वाहन की व्यवस्था करना, बच्चे के साथ किसी विश्वसनीय व्यक्ति या नौकर को भेजना, बच्चे के पोशाक या कलाई में परिचयपत्र बांधना आदि। इसी प्रकार प्रिय व्यक्ति की बीमारी के लिए अच्छे डॉक्टर से इलाज करवाना, उसके खानपान पर नियंत्रण रखना तथा उसे प्रसन्न रखना आदि उपायों को अपनाकर हम उसके जीवन की सुरक्षा के उपाय कर सकते हैं।

यहां हम सलामत हुसैन की एक सच्ची घटना दे रहे हैं। इस घटना का विवरण पढ़ कर आपको पता चलेगा कि उसने अपनी पत्नी के मृत्युभय से कैसे छुटकारा पाया।

श्री सलामत हुसैन अपनी पत्नी सलमा को बेहद प्यार करते थे पर शादी के छह माह

बाद से ही वह हमेशा किसी-न-किसी बीमारी से ग्रस्त रहती। बीमार पड़ने पर सलामत हमेशा सलमा का इलाज किसी जाने-माने हकीम या अनुभवी डॉक्टर से कराते। थोड़े दिनों के इलाज के बाद वह ठीक हो जाती लेकिन फिर एक-दो सप्ताह बाद कोई दूसरा रोग सलमा को घेर लेता। फिर इलाज का चक्कर शुरू हो जाता। सलमा की बीमारी से सलामत हमेशा परेशान रहते। उनके और सलमा के दिल में यह वहम का भय बैठ गया था कि इस तरह सलमा जरूर जल्दी ही खुदा को प्यारी हो जाएगी। एक भविष्यवक्ता ने उनके इस भय की पुष्टि करते हुए कहा था कि ग्रह-नक्षत्रों का ऐसा योग है कि सलमा पांच वर्ष से अधिक जीवित नहीं रहेगी। इससे वे दोनों और भयभीत हो गये। इसी बीच उनकी अपने बचपन के मित्र अजय शंकर से भेंट हो गयी। उन्होंने अजय को अपने भय के बारे में बताया। अजय उन दोनों को एक अच्छे अस्पताल में ले गया। सलमा के मल, मूत्र, कफ, खून आदि का सूक्ष्म निरीक्षण करवाया। हृदय, जिगर, गुर्दे, थाइराइड आदि के जितने डॉक्टरी परीक्षण संभव हो सकते थे, विधिवत करवा डाले। सारी मेडिकल रिपोर्ट्स की जांच करने पर पता चला कि सलमा का जिगर कमजोर है और शरीर में खून की कमी है। अजय ने सलामत से कहकर डॉक्टरों द्वारा सलमा का भलीप्रकार इलाज करवाया। एक महीने में वह पूरी तरह स्वस्थ हो गयी। इसके बाद सलमा ने सत्तर वर्ष की लंबी आयु पूरी तरह स्वस्थ रहकर गुजारी और फिर जाकर खुदा को प्यारी हुई।

अब सुनिए राजू की प्रेम कहानी। राजू जब बी. ए. में पढ़ता था वह शारदा नाम की सुंदर युवती से प्रणय संबंध कर बैठा। दोनों एक-दूसरे को बेहद प्यार करते थे। लेकिन राजू था जाति का कायस्थ और शारदा ब्राह्मण। इसके साथ ही राजू की आर्थिक दशा बहुत खराब थी। वह अकेला पांच भाइयों और एक बहन का लालन-पालन करने के लिए सुबह 5 बजे से रात 11 बजे तक अथक परिश्रम करता। इसके विपरीत शारदा एक धनवान परिवार की कन्या थी। मां-बाप ने शारदा की शादी एक अच्छे खाते-पीते परिवार के लड़के से कर दी। शारदा को भी मजबूर होकर शादी करनी पड़ी। राजू को अपनी प्रेमिका के विछोह से अत्यधिक दुख हुआ। इसके कारण वह गंभीर बीमारी का शिकार हो गया। उसके मन में आत्महत्या करने का विचार आने लगा। उसकी एक छोटी बहन थी। वह राजू के प्रेम प्रसंग में असफल हो जाने की करुण कथा जानती थी। उसने एक दिन एकांत में अपने भाई राजू को समझाते हुए कहा, ''देखो भइया! मैं जानती हूं कि तुम शारदा से बेहद प्यार करते हो और उसके बिना जीवित रहना भी पसंद नहीं करते। लेकिन मैं एक सच्चाई जानना चाहती हूं। यह मेरे जीवन के लिए भी बहुत महत्त्वपूर्ण है।''

''पूछो, क्या जानना चाहती हो?'' राजू बोला।

''जब एक युवक और एक युवती परस्पर प्यार करते हैं तो उसका अर्थ क्या होता है? क्या वह प्यार केवल शादी करके बच्चों को जन्म देने के लिए होता है? क्या प्यार का इसके अलावा कोई अर्थ नहीं है?''

राजू बोला, ''नहीं बहन, प्यार का अर्थ केवल इतना ही नहीं होता। शादी तो वे इसलिए करते हैं ताकि वे एक-दूसरे के साथ हमेशा के लिए रह सकें। प्यार का असली मतलब तो एक-दूसरे को सुरक्षा तथा प्रसन्नता देना है। एक-दूसरे को जीवन में प्रेरणा-प्रोत्साहन देना है। सुख-दुख में हिस्सा लेना है।''

बहन ने गंभीरता से कहा, ''फिर आप शारदा की शादी के बाद इतने अधिक दुखी क्यों हो गये कि बीमार पड़ गये और अब आत्महत्या की सोच रहे हैं। क्या इससे उसके मन को शांति या प्रसन्नता मिल सकेगी? उस समय न वह उस स्थिति में थी और न आप कि शादी कर पाते या शारदा माता-पिता की आज्ञा के विरुद्ध कुछ कर सकती। उसने आत्महत्या छोड़कर विरोध करने के बाकी सारे प्रयत्न कर डाले थे पर उसके माता-पिता नहीं माने। उसने आपको भी सही स्थिति समझायी और अंत में सबकी भलाई के लिए परिस्थितियों से समझौता कर लिया। यदि वह आत्महत्या कर लेती तो आप भी जीवित नहीं रहते। फिर आपके छोटे भाई-बहनों और मां का क्या होता। अब आप इस प्रकार से निराश, दुखी और बीमार होकर अपना तथा अपने गरीब परिवार का दुख तो बढ़ा ही रहे हैं पर जब शारदा को आपके बारे में पता चलेगा तो उसके दिल को कितना सदमा लगेगा, इसे आप खुद जानते हैं। बेहतर तो यह है कि आप जातिप्रथा की जड़ों को खोदकर निकाल फेंकें ताकि भविष्य में किन्हीं दो प्रेमियों का प्यार न उजड़े। आप प्रसन्न रहिए, स्वस्थ रहिए, धनवान बनने का प्रयत्न करिए और एक ऐसा सामाजिक आंदोलन चलाइए कि समाज से जातिप्रथा की विष-बेल हमेशा के लिए उखड़ जाए। इससे हमारा समाज और देश भी मजबूत बनेगा, शारदा को भी खुशी होगी कि जिसे वह प्यार करती थी उसने एक महान कार्य कर डाला।''

राजू मंत्रमुग्ध-सा अपनी बहन की बातें सुनता रहा फिर बहन की पीठ थपथपाते हुए बोला, ''तूने मेरी आंखें खोल दीं। मैं अज्ञान में पड़ गया था। शारदा ने भी कहा था कि शादी करने या शारीरिक संबंध बनाने से प्यार नहीं होता। प्यार तो इससे भी महान भावना है और हमें हिंदुओं की इस जातिप्रथा को जिसने असंख्यों प्रेमी-प्रेमिकाओं के जीवन को नष्ट किया है, हमेशा के लिए मिटा देना है। तू फिक्र न कर बहन, अब मैं शीघ्र ही स्वस्थ हो जाऊंगा, क्योंकि मुझमें फिर से जीवित रहने और समाज को बदल डालने की ज्वलंत इच्छा शक्ति पैदा हो गई है। आज से मैं अपने कार्यों में इतना व्यस्त रहूंगा कि शारदा के अभाव को भूल जाऊंगा। अब उसके आदर्शों को पूरा करना ही मेरे जीवन का लक्ष्य होगा।''

राजू तीन माह में पूरी तरह स्वस्थ हो गया और एक लोकप्रिय समाजसेवक बना। उपर्युक्त सच्ची घटनाओं से हमें यह मार्गदर्शन मिलता है कि अपने प्रिय से प्रिय व्यक्ति के विछोह से होने वाले भय को दूर करने के निम्नलिखित सफल उपाय हैं:

❑ बिछोह का कारण यदि बीमारी या सुरक्षा से उत्पन्न भय है तो उसके बारे में आशंका

या चिंता में घुलने के बजाय क्रमबद्ध रीति से वैज्ञानिक उपाय अपनायें। दूसरे शब्दों में, भय के कारण को दूर करें।

❑ अपने को किसी अच्छे या अपनी रुचि के कार्य में इतना व्यस्त रखें कि बेकार की आशंकाएं मन को सता न पायें।

❑ याद रखें कि इस संसार में कुछ भी स्थायी नहीं है। एक दिन स्वयं हमें भी इस संसार से विदा लेनी होगी। इसलिए बिछोह को स्वाभाविक रूप से स्वीकार करने का प्रयत्न करें।

❑ अपने प्रिय व्यक्ति की अच्छाई और मानसिक शांति के लिए प्रयत्न करें।

साथियों, परिवार के सदस्यों या समाज की आलोचना का भय

संक्षेप में कहें तो इसे हम दूसरों की आलोचना का भय कह सकते हैं। इस भय का मनोवैज्ञानिक कारण यह है कि शिशु अवस्था से लेकर किशोरावस्था तक हम प्राय: अपने माता-पिता, परिवार के बड़े सदस्यों तथा गुरुजनों की सलाह के अनुसार ही कार्य करते हैं। इससे हमें उनकी सराहना, शाबाशी और स्वीकृति प्राप्त होती है। इन बड़े लोगों की आज्ञाओं का उल्लंघन करने पर हमारी आलोचना होती है या डांट-फटकार पड़ती है। यह आलोचना हमारे अंदर एक असुरक्षा की भावना पैदा करती है, जिससे भय उत्पन्न होता है। जैसे-जैसे हमारी आयु बढ़ती जाती है, अच्छे-बुरे का भेद करने की शक्ति आती जाती है, हम अनेक कार्य अपने से बड़ों की इच्छा के विरुद्ध भी करने लगते हैं। लेकिन इसके साथ ही मन में अपने साथियों, दोस्तों और उस समाज की आलोचना का भय विकसित होने लगता है, जिसमें हम रहते हैं। अत्यधिक मात्रा में होने पर यह भय हमारे व्यक्तित्व में निम्नलिखित दोषों को उत्पन्न कर सकता है:

❑ आलोचना के भय से ग्रस्त व्यक्ति किसी कार्य में कोई पहल नहीं कर पाता। उसमें नेतृत्व करने की शक्ति समाप्त हो जाती है। वह हर कार्य के लिए दूसरों का मुंह ताकता है।

❑ ऐसे व्यक्ति को दूसरों या नये व्यक्तियों से मिलने में भी डर लगता है। वह उनसे मिलते हुए 'नर्वस' अनुभव करता है।

❑ उसमें हीनता की भावना आ जाती है। वह हर बात में दूसरों की नकल करने का प्रयत्न करता है या बड़ी-बड़ी बातें हांकता है, ताकि लोग उसे बड़ा आदमी समझें।

❑ वह दूसरों को खुश या प्रभावित करने के लिए सामर्थ्य से अधिक खर्च करता है।

❑ उसमें अपनी कोई महत्त्वाकांक्षा नहीं होती।

❑ वह स्वयं कोई निर्णय नहीं ले पाता।

आलोचना के भय से ऐसे मुक्त हों

- आप वही करें, जिसे आपकी बुद्धि या आत्मा उचित मानती है और जब कोई आलोचना करे तो इस बात का ध्यान बार-बार करें कि वह ऐसा अपने-आपको महत्त्वपूर्ण सिद्ध करने के लिए कर रहा है। आपको जानकर आश्चर्य होगा कि संसार में जितने महापुरुष हुए हैं उन्हें दूसरों की आलोचना का शिकार होना पड़ा है। यहां तक कि शांति और प्रेम के देवदूत समझे जाने वाले ईसामसीह, भगवान बुद्ध और महात्मा गांधी तक को लोगों ने अनेक व्यंग्य वाणों से छेदने में कोई कोताही नहीं की।

  लेकिन इसके साथ ही इस बात की भी ध्यान रखें कि यदि दूसरों की आलोचना में कोई सही बात है तो उसे फौरन अपनाकर गलती में सुधार कर लें।

- कुछ लोगों का स्वभाव ही ऐसा होता है कि उन्हें दूसरों की आलोचना करने तथा कष्ट पहुंचाने में बहुत आनंद आता है। अतः उनकी आलोचना की उपेक्षा कर दीजिए। उस पर तनिक भी ध्यान न दीजिए। याद रखिए कि केवल महत्वपूर्ण व्यक्ति की ही आलोचना की जाती है।

- हमें अपनी ओर से सर्वश्रेष्ठ स्तर का कार्य करना चाहिए। दूसरों की आलोचना में से उपयोगी बातें लेकर बाकी को कूड़ेदान में फेंक देना चाहिए। महात्मा गांधी के नाम हजारों पत्र आते थे। प्रत्येक का वे उत्तर देते। एक बार एक अंग्रेज ने उन्हें बेहूदा गालियों और धमकी से भरा लंबा पत्र लिखा। गांधी जी ने उसे पढ़ा, मुस्कुराये और पत्र में लगी आलपिन को निकालकर उन्होंने पत्र को कूड़ेदान में फेंक दिया। उनके सेक्रेटरी ने पूछा, "आपने आलपिन क्यों निकाल लिया?" आलपिन को आलपिन कुशन में लगाते हुए बापू बोले, "उसमें जो उपयोगी चीज थी मैंने निकाल ली। इस पत्र का उत्तर देना व्यर्थ है।"

  आप भी गांधी जी की नीति को अपनाकर आलोचना की चिंता से मुक्त रहिए। लोगों की गीदड़ भभकियों से डरिये नहीं, उनकी उपेक्षा कीजिए।

- भारत के सुप्रसिद्ध गांधीवादी नेता संत विनोबा भावे अपनी गलतियों और भूलों का स्वयं लेखा रखते थे। दूसरों को अपनी आलोचना करने के लिए उत्साहित करते थे। वे कहते थे कि कोई भी मनुष्य अपने में पूर्ण नहीं है और हमें अपने विरोधियों की निष्पक्ष आलोचना को शांतिपूर्वक सुनकर उसकी उपयोगी बातों को अपनाना चाहिए। इससे आत्मसुधार होता है, सत्य को सहने एवं समझने की शक्ति बढ़ती है।

हम-आप भी विनोबा जी की नीति को अपनाकर दूसरों की आलोचना के भय से छुटकारा ही नहीं पा सकते वरन् उसका लाभ भी उठा सकते हैं।

*'निंदक नियरे राखिए आंगन-कुटी छवाय''*निंदा करने वाले को कुटिया बनवा कर

अपने आंगन में रखिए क्योंकि वह आपके धीरज की परीक्षा लेता रहेगा और बुराई से बचाये रखेगा।

गरीबी, बेरोजगारी और असफलता का भय

आज के परमाणु युग में एक ओर गलाकाट आर्थिक प्रतियोगिता चल रही है तो दूसरी ओर व्यक्ति अपनी आवश्यकताओं को बढ़ाता जा रहा है। इसके फलस्वरूप वह दिन-रात धन कमाने के चक्कर में दौड़ता-भागता रहता है। इसका परिणाम यह होता है कि वह बीमार रहने लगता है और उसका घरेलू जीवन भी अशांति से भरता चला जाता है। अंत में उसकी शारीरिक बीमारी तथा मानसिक अशांति उसे फिर गरीबी के स्तर पर खींच ले जाती है। इस प्रकार अंत में वह उसी गरीबी तथा असफलता का शिकार बन जाता है, जिससे भयभीत होकर वह दिन-रात पैसा कमाने की अंधी दौड़ में लगा था।

इस भौतिकवादी युग में प्रत्येक व्यक्ति अपनी सुख-शांति भौतिक वस्तुओं में खोज रहा है। वह यह जानकर भी अनजान बन गया है कि भौतिक वस्तुओं से मिलने वाला सुख थोड़ी देर का होता है और उससे मानसिक शांति नहीं प्राप्त हो सकती। यद्यपि यह बात सत्य है कि व्यक्ति के पास इतना धन तो अवश्य होना चाहिए कि वह अपनी जरूरी तथा आरामदायक आवश्यकताएं पूरी कर सके। लेकिन व्यक्ति जब विलासिता और धन के प्रदर्शन में लग जाता है तो वह स्वयं बीमारियों एवं मानसिक अशांति को न्योता देने लगता है और ऐसा प्रायः वही करते हैं जो गरीबी और असफलता से भयभीत हैं।

उपरोक्त संदर्भ में मुझे अपने दो मित्रों की सच्ची घटनाएं याद आ रही हैं। एक थे एन. के. गर्ग और दूसरे सुशील शर्मा। एन. के. गर्ग मध्यमवर्गीय परिवार से थे। धनवान बनने की बलवती कामना से वह रात-दिन धन कमाने में लगे रहते थे। परिवार के सदस्यों को भी समय देने की उन्हें फुरसत नहीं थी। धन कमाने के उचित-अनुचित सभी साधन अपनाते। दस वर्ष में वह पचास-साठ लाख रूपये के स्वामी बन गये। कार-कोठी व्यापार सभी कुछ उनके पास हो गया। लेकिन दिन-रात परिश्रम करने और अनुचित साधनों को अपनाने से उनको कैंसर हो गया। जीवन के अंतिम वर्ष उनके एक खैराती अस्पताल में कटे। उनके दोनों पुत्रों तक ने उनकी कोई सेवा-सहायता नहीं की, करते भी कैसे, उनमें से एक ने स्मैक के प्राणघातक नशे में पड़कर और दूसरे ने जुएबाजी में सारी संपत्ति गंवा दी। दूसरी ओर सुशील शर्मा एक साधारण परिवार के सदस्य थे। उन्होंने भी व्यापार शुरू किया। लेकिन हर कार्य के लिए उनका समय निश्चित होता। अपने स्वास्थ्य और परिवार को भी उचित समय देते और व्यापार पर भी पूरा ध्यान रहता। अठारह वर्ष की आयु में उन्होंने व्यापार करना शुरू किया था। ईमानदारी का पूरा ध्यान रखते, किसी गरीब का पैसा मारना उन्हें जरा भी गंवारा नहीं था। 'सादा जीवन और उच्च विचार' उनका आदर्श था। उन्हें गर्ग के बराबर धनवान बनने में बीस वर्ष लग गए। गर्ग की तुलना

में उन्नति करने में उन्हें दोगुना समय लगा। लेकिन उनका स्वास्थ्य अच्छा रहा और संतानें भी योग्य निकलीं।

मनोविज्ञान में रुचि रखनेवाले श्री ज्योतिप्रसाद की आत्मकथा तो बहुत अद्भुत और प्रेरणादायक है। बी. ए. पास करने के बाद उन्होंने व्यापार करना शुरू किया पर साल भर में ही इतना घाटा हुआ कि उसे बंद करना पड़ा। इसके बाद उन्होंने लगातार एक के बाद एक छह अलग-अलग तरह के व्यापार किये और सबमें असफल होते गये। मजबूरन उन्होंने नौकरी पाने के प्रयत्न शुरू किये, पर जहां भी जाते वहां इंटरव्यू या परीक्षा में फेल हो जाते। उनका दिमाग असफलता, निराशा और दुख से भर गया। परीक्षा या साक्षात्कार देने से पहले ही वह कहने लगते, ''मैं इसमें भी सफल नहीं होऊंगा। आजकल बिना सोर्स-सिफारिश के किसको नौकरी मिलती है और फिर मेरे ऊपर शनि की दृष्टि है, साढ़े साती लगी है। ज्योतिषी कहते हैं कि अभी दो-तीन माह और यही ग्रह-दशा चलेगी।''

रात को ज्योतिप्रसाद को घर के खर्चे की समस्या घेर लेती। कौन सी चीज बेचकर रुपया कमाया जाए? किससे उधार मांगा जाए? ऐसे प्रश्न उसकी नींद हराम कर देते। इन सबका फल यह हुआ कि वह बीमार पड़ गये। बीमारी के दौरान उन्हें विनोबा जी का 'गीता भाष्य' पढ़ने का अवसर मिला। यह पुस्तक उन्हें बहुत अच्छी और प्रेरणादायक लगी। कर्म पूरी कुशलता से करने और उसका फल परमात्मा के हाथों छोड़ देने के सिद्धांत का रहस्य जानकर उन्हें बहुत प्रसन्नता हुई। स्वास्थ्य लाभ होने के बाद वह फिर से नौकरी पाने के प्रयत्नों में जुट गये। इसके साथ ही वह हर रात कोई-न-कोई प्रेरणापूर्ण पुस्तक अवश्य पढ़ते। उनकी मनोविज्ञान में रुचि हो गयी। सार्वजनिक पुस्तकालय से वह व्यक्तित्व-विकास से संबंधित पुस्तकें ले आते और पढ़ते, अपना विश्लेषण करते, उन्नति की योजनाएं बनाते। अब वह असफल होने के बावजूद यह विश्वास करने लगे कि वह शीघ्र ही सफलता को प्राप्त करेंगे। वह अपने मन में सदैव स्वास्थ्य, सुख और सफलता से भरे विचार रखते। वह मन-ही-मन दोहराते—'परमात्मा की कृपा से मैं अवश्य सफल होऊंगा। मैं महान सफलता प्राप्त करके दिखाऊंगा। परमात्मा मेरे साथ है। वह मेरा मार्गदर्शन कर रहा है। उसकी सहायता से मैं अवश्य धनवान बनूंगा, सफल होऊंगा, विजयी होऊंगा। मेरे अंदर आत्मविश्वास और संयम है। मेरा चित्त शांत और संतुलित है। मैं अपने कर्मों को पूरी कुशलता से कर रहा हूं। परमात्मा की कृपा से मैं अपने जीवनयुद्ध में अवश्य विजयी होऊंगा। मैं धनवान, महान और बलवान बन रहा हूं।' इन आत्मसुझावों को वह शवासन में स्थित होकर और अपने शरीर को पूरी तरह शिथिल करके अपने मन में पूरे विश्वास से दोहराते।

इन सबका फल यह हुआ कि उन्हें एक प्रतिष्ठित प्राइवेट कंपनी में सुपरवाइजर का पद मिल गया। वह अपनी ड्यूटी पूरी लगन, मेहनत और बुद्धिमानी से पूरी करते। अपने से छोटे और बड़ों के साथ उनका व्यवहार अत्यंत मित्रतापूर्ण रहता। कुछ ही वर्षों में वह

कंपनी के एक उच्च अधिकारी, फिर जनरल-मैनेजर और उसके बाद डायरेक्टर बन गये। इस प्रकार श्री ज्योतिप्रसाद ने यह सिद्ध कर दिया कि व्यक्ति अपने विचारों को नियंत्रित करके असफलता को सफलता में और गरीबी को अमीरी में बदल सकता है।

व्यक्ति को जीवन में असफलता और गरीबी से भयभीत नहीं होना चाहिए। जिस तरह रात के बाद दिन और दिन के बाद रात का चक्र चलता रहता है उसी प्रकार सुख-दुख, सफलता-असफलता, गरीबी-अमीरी का चक्र भी जीवन में चलता रहता है। बुद्धिमान व्यक्ति निर्भय होकर अपने कर्मों को पूरी कुशलता से करने में मन को एकाग्र करता है तथा सफलता-असफलता का प्रश्न भगवान के हाथों में छोड़ देता है।

गरीबी और असफलता के भय से पीड़ित व्यक्तियों में आमतौर पर निम्नलिखित लक्षण पाये जाते हैं—वे या तो बेहद कंजूस होते हैं या बहुत फिजूलखर्च। उनमें आत्मसंयम की कमी होती है। उनका दृष्टिकोण अंदर से निराशावादी होता है। ऊपर से वे साहसी बनने का अभिनय करते हैं और कभी-कभी साहसी दिखलाई देने के चक्कर में बिना योजना बनाये या अच्छा-बुरा सोचे गलत व्यापार, जैसे—सट्टा, लॉटरी, जुआ आदि में धन लगा देते हैं। वे प्राय: आलसी और उत्साह से रहित होते हैं अथवा इसके विपरीत वे पूरी तरह धन पाने के लिए पागल रहते हैं। इस विषय में एक रोचक तथ्य यह है कि यह जरूरी नहीं कि ऐसा व्यक्ति गरीब ही हो। गरीब और असफल हो जाने के भय उसे बहुत धनवान भी बना सकता है, पर ऐसे धन का क्या लाभ जिसका आप उपभोग न कर सकें।

अमरीका के विश्वविख्यात धनवान व्यक्ति रॉकफेलर गरीबी के भय से इतने अधिक पीड़ित थे कि चिंता के मारे ठीक से सो नहीं पाते थे। उनका स्वास्थ्य खराब रहता था। उन्होंने 43 वर्ष की उम्र में स्टेंडर्ड ऑयल कंपनी का निर्माण कर लिया था और अमरीका के सबसे धनवान व्यक्तियों में गिने जाने लगे थे। लेकिन 53 वर्ष की उम्र तक पहुंचते-पहुंचते उनकी पाचन शक्ति बिलकुल समाप्तप्राय हो गयी। उनके शरीर के सभी बाल झड़ गये। आंखों की बरौनियों के बाल भी गिर गये, बस भौहों पर नाममात्र के बाल बचे। उनकी बीमारी इतनी विकट हो गई थी कि वे केवल मलाई से रहित आधा पानी मिले दूध और कुछ बिस्कुटों पर जीवित रहते थे। सिर गंजा हो जाने के कारण वह विग पहनते थे। उनकी त्वचा का रंग बदल गया था। उन्हें देखकर लगता था जैसे किसी ने हड्डियों के ढांचे पर चमड़ी चढ़ा दी हो। ऐसा लगता था कि वे मृत्यु के बहुत निकट

रॉकफेलर

हैं। डॉक्टरों के अनुसार, उनकी पाचन शक्ति खराब होने और बाल झड़ने की बीमारी अत्यधिक भय और उत्तेजना के कारण हुई थी। और डॉक्टरों की यह बात सही थी।

जॉन डी. रॉकफेलर अपने किसी भी व्यापार या कार्य में असफल होना कतई पसंद नहीं करते थे। असफलता से वह इतने भयभीत रहते थे कि अपनी सारी शक्ति व्यापारिक सौदों में अधिक-से-अधिक लाभ कमाने में लगा देते। अपने सौदे में हानि होने पर वे बीमार पड़ जाते थे, इसी तथ्य से यह अनुमान लगाया जा सकता है कि वे कितने अधिक भयभीत और तनावग्रस्त रहते थे। इसके विपरीत जब उन्हें कोई बड़ा आर्थिक लाभ होता तो अपने हैट को फर्श पर फेंक देते और थिरक-थिरक कर ऐसे नाचते मानो युद्ध में विजय पाने वाला कोई सिपाही नृत्य कर रहा हो। उन्होंने अपने एक विश्वसनीय डॉक्टर को बताया था कि वह सोते समय यही सोचा करते थे कि उनकी व्यापारिक सफलता अस्थायी है। उनके वैभव और अतुल धन की हानि न हो इस भय से वे खेल-कूद, मनोरंजन, पार्टियों आदि से बचते रहे। इसका फल यह हुआ कि वे असमय ही वृद्ध तथा बहुत कमजोर हो गये। उनका जीवन जब लगभग मृत्यु के निकट पहुंच रहा था तब उन्हें यह ज्ञान हुआ कि धनहानि के भय से वह स्वयं अपने जीवन का अंत करने जा रहे हैं। उन्होंने अपने दृष्टिकोण को बदलने और फिर से गरीब हो जाने के भय से मुक्त होने का दृढ़ निश्चय किया। उनमें बलवती इच्छा शक्ति थी। वे डॉक्टरों के परामर्श के अनुसार, भय तथा चिंता को छोड़ प्रसन्न रहने लगे, खुली हवा में नियमित रूप से व्यायाम करना तथा संतुलित भोजन करना शुरू किया। बागवानी, गोल्फ खेलना तथा मित्रों से हंसना-बोलना भी शुरू कर दिया। इसके अतिरिक्त वह अपनी चिंताओं के स्थान पर साधारण तथा गरीब लोगों की समस्याओं का हल निकालने की विधियां सोचने लगे। इन सबका परिणाम यह हुआ कि वे कुछ महीनों में ही पूरी तरह स्वस्थ हो गए। परंतु अब उनका व्यक्तित्व नये उत्साह, उदारता और मानव प्रेम से परिपूर्ण हो चुका था। मानवता के कल्याण के लिए उन्होंने लाखों डॉलर दान किये और विश्वविख्यात 'रॉकफेलर फाउंडेशन' की स्थापना की।

रॉकफेलर ने गरीबी और असफलता के भय पर इस सीमा तक विजय पा ली थी कि जिस समय उनकी स्टेन्डर्ड आयल कंपनी को एक मुकदमे में अमरीकी सरकार द्वारा बहुत बड़ी हार का सामना करना पड़ा, तब भी उन्होंने अपने मन को शांत रखा। उन्होंने 53 वर्ष की अवस्था में अपनी बीमारी से जो शिक्षाएं लीं उनका पालन कर वे 98 वर्ष तक जीवित रहे।

आप और हम भी रॉकफेलर की नीति को अपनाकर असफलता तथा गरीबी के भय की जंजीरें तोड़ सकते हैं। एक स्वस्थ तथा सुखी जीवन व्यतीत करने के लिए इस भय पर भी विजय पाना आवश्यक है।

एकांतवास या अकेला होने का भय

जन्म से लेकर मृत्यु तक व्यक्ति अपनी आवश्यकताओं के लिए दूसरों पर निर्भर रहता है। अनेक दुख-सुख, तकलीफों, शिकायतों अथवा नये विचारों को प्रकट करने का सुख भी दूसरों की संगत में ही मिलता है। अत: यह स्वाभाविक है कि अधिकांश व्यक्ति अकेला रहना पसंद नहीं करते। अकेले रहने से मनुष्य को कितनी मानसिक पीड़ा होती है, यह इस तथ्य से भली प्रकार समझा जा सकता है कि जेलों में सबसे बड़ा दंड कैदी को ऐसी कोठरी में बंद कर देना होता है जहां से वह किसी व्यक्ति से बात नहीं कर सकता, न किसी को देख सकता है और न कुछ सुन सकता है। दूसरे कैदी या खाना देने वाले आदि भी न उससे मिल सकते हैं, न उसे देख सकते हैं और न बात कर सकते हैं।

अत: एकांत में रहने अथवा अकेले पड़ जाने का भय स्वाभाविक है, परंतु जब यह भय इस सीमा तक पहुंच जाता है कि कोई व्यक्ति कुछ दिनों के लिए भी अकेले सो या रह नहीं सकता, बिना किसी से पूछे और सहमति पाए निर्णय नहीं ले सकता तो वह अस्वाभाविक हो जाता है। ऐसा प्राय: उन लोगों के साथ होता है जिन्हें शिशु या बाल्यावस्था में एकांत में किसी दुखद, पीड़ाजनक अथवा भयानक घटना का अनुभव हो चुका होता है। वह भय उनके अचेतन मन पर एक अमिट प्रभाव छोड़ जाता है लेकिन यदि ऐसे व्यक्ति को एकांत में घटित वह भयोत्पादक घटना याद आ जाए तो वह इस प्रकार के भय से मुक्त हो जाता है

इस संबंध में डॉ. अरुण ने अपने एक मरीज की रोचक घटना सुनायी। मरीज की आयु छब्बीस वर्ष की थी, वह अविवाहित था। उसने डॉ. अरुण को बताया कि उसकी नियुक्ति एक नये शहर में हो गयी है। उसे वहां अकेले रहना पड़ेगा। इससे पहले वह सदा परिवार के बीच रहा है। अकेले रहने में उसे बहुत डर लगता है। उसे ऐसा अनुभव होता है कि अचानक कोई चोर-डाकू आएगा और उसकी हत्या कर देगा। उसे विशेष रूप से रात में अकेले सोने में बहुत डर लगता है। डर के मारे वह बिस्तर पर पड़ा करवटें बदलता और कांपता रहता है।

''क्या कभी आपके साथ एकांत में कोई दुखद या भयानक घटना घटित हुई है किशोरावस्था, बाल्यावस्था या शिशु अवस्था में?'' डॉक्टर अरुण ने पूछा।

मरीज ने बताया, ''मुझे ऐसी कोई घटना याद नहीं आती। अभी तक केवल चार या पांच बार मुझे अकेले सोने का अवसर मिला है वरना मेरे साथ कमरे में जरूर कोई-न-कोई सोता है और इन चारों-पांचों बार डर के मारे मैं सो नहीं पाया। कमरे में बत्ती जलाई रखी और रात भर बेचैनी से टहलता या बिस्तर पर करवट बदलता रहा।''

डॉक्टर अरुण ने दूसरे दिन मरीज की मां को बुलाकर उससे काफी देर तक बातें कीं। डॉक्टर मरीज की मां को कोई ऐसी भयानक घटना याद करने के लिए प्रेरित करता

रहा जो बहुत पहले घटी हो। याद करने की बहुत कोशिश करने के बाद उसने बतलाया कि जब उसका बेटा (मरीज) केवल पांच वर्ष का था तो उसे रात में चुपचाप उठकर दूसरे कमरे में जाकर वहां रखी टॉफियां खाने की आदत थी। एक बार जब वह इस प्रकार चुपचाप चोरी से टॉफियां खा रहा था कि अचानक एक चोर ने उसे दबोच लिया था। उस चोर ने पहले उसके मुंह में बुरी तरह से कपड़ा ठूंस दिया था और फिर बाद में हाथ-पैर बांधकर उसे उसी कमरे में डाल दिया था। चोर घर की चीजों पर हाथ साफ करके जाने ही वाला था कि घर में सब जाग पड़े और चोर भाग गया। बेहोश पड़े छोटे बेटे (मरीज) के हाथ पांव खोले गये, मुंह से कपड़ा निकाला गया, पानी के छीटें मारे गये, तब कहीं कुछ देर बाद उसे होश आया।

मरीज को भी इस घटना की एक-एक बात याद हो आयी। अपने अचेतन में समाये डर को जानने के बाद वह अकेले रहने के डर से आजाद हो गया।

वास्तव में, अपने विवेक से निर्णय लेकर उस पर चलने का गुण बहुत महत्त्वपूर्ण है। जिस समय सभी या अधिकांश लोग विरोधकर रहे हों उस समय अकेला रह जाने के बावजूद भी अपने निर्णय के अनुसार चलना विश्व के महान पुरुषों की विशेषता रही है। आज तक जितने भी महान आविष्कार या खोजें हुईं, धार्मिक, सामाजिक और राजनैतिक सुधार हुए हैं वे ऐसे ही साहसी व्यक्तियों के द्वारा किये गये हैं, जिनमें अकेला चलने का साहस और आत्मविश्वास था।

बीमार पड़ने का भय

अधिकांश लोगों को आजकल बीमारी का भय लगा रहता है। मौसम बदलते ही वे स्वयं भांति-भांति की दवाइयां खाने लगते हैं। फलस्वरूप वे बीमार न होने पर भी अपने को बीमार कर लेते हैं। मनोवैज्ञानिक शब्दावली में इस काल्पनिक रोगग्रस्तता को हाइपोकोन्ड्रिया (hypochondria) कहते हैं। मानव मन और उसकी कल्पनाशक्ति अद्भुत है। व्यक्ति अपनी कल्पना से शरीर में तरह-तरह के रोगों के लक्षण उत्पन्न कर सकता है।

इस संबंध में आयुर्वेदाचार्य डॉ. अरुण का कहना है कि पचास प्रतिशत से अधिक शारीरिक रोगों का कारण रोगी के स्वयं अपने रोगग्रस्त विचार होते हैं।

हिसार के मनश्चिकित्सक डॉ. ओ. पी. शर्मा ने इस संबंध में एक बहुत रोचक और शिक्षाप्रद केस सुनाया। इस केस को ध्यान से पढ़कर पाठक इस भय से मुक्त होने का स्वयं उपाय कर सकते हैं।

एक दिन डॉ. ओ. पी. शर्मा को उनके पुराने घनिष्ठ मित्र गुप्ता ने फोन पर बताया कि वे उनसे एक-दो दिन के अंदर, समय निकालकर, अवश्य मिलें। उन्हें दमा का दौरा पड़ा

हुआ है और वे अपना इलाज डॉक्टर वर्मा से करवा रहे हैं। डॉ. वर्मा एलोपैथिक डॉक्टर हैं और शहर के नामी डॉक्टरों में उनकी गिनती होती है। गुप्ता अपने पुराने मित्र शर्मा से कुछ गप-शप कर दिल हल्का करना चाहते हैं।

दोनों मित्रों के बीच हर पंद्रह-बीस दिन बाद इस तरह की भेंटें होती रहती थीं। गुप्ता जी ने कभी डॉ. शर्मा से अपने रोग आदि के बारे में सलाह नहीं मांगी थी और शर्मा जी भी बिना मांगे कोई सलाह नहीं देना चाहते थे। लेकिन इस बार उन्होंने सोचा कि क्यों न वह स्वयं अपने मित्र के स्वास्थ्य लाभ के लिए कुछ करें। ऐसा करना आवश्यक भी था क्योंकि दो वर्ष से दमा ठीक होने का नाम ही नहीं ले रहा था।

डॉ. शर्मा ने अपने मित्र गुप्ता के फैमिली डॉक्टर वर्मा से फोन पर संपर्क कर उनके दमा रोग का मुख्य कारण पूछा। डॉ. वर्मा ने बताया कि गुप्ता जी के दमे का कारण एलर्जी है। उन्हें अच्छी-से-अच्छी दवा दी जा रही है। दवा से आराम भी मिलता है पर वह अधिक दिनों तक नहीं रहता। मौसम बदलते ही दमा फिर उखड़ जाता है। अगर यह ठीक-ठीक पता चल जाए कि किस चीज की एलर्जी से उन्हें दमा होता है तो रोग को स्थायी रूप से ठीक किया जा सकता है। डॉ. शर्मा बोले, ''अगर आप उचित समझें तो कल सुबह दस बजे मेरे साथ गुप्ता जी के घर चलें। हम दोनों उनको स्वस्थ करने का प्रयत्न करेंगे।'' डॉ. वर्मा इस सुझाव को मान गये।

वे दोनों दूसरे दिन सुबह गुप्ता जी से मिलने गये। गुप्ता जी कमरे में आराम कर रहे थे। उस समय वे स्वस्थ थे। उनके दमे का दौरा भी समाप्त हो चुका था। शर्मा जी बोले, ''अरे, आप कमरे में बंद पड़े हैं और बाहर ठंडी बरसाती हवा चल रही है। बहुत सुहावना मौसम है। काले-काले बादल छा रहे हैं।''

गुप्ता जी कुछ चिंतित होकर बोले, ''ये काले बादल और ठंडी हवा ही तो मेरे दमे को उखाड़ती है। इससे ही मैं बीमार पड़ जाता हूं।''

''हां, यह बात मैंने भी नोट की है कि ठंडी हवा और काले बादलों का आपके दमे से जरूर कोई संबंध है। लगता है इनसे ही आपको दौरा पड़ता है।

इसके बाद वे तीनों जलपानकर आपस में बतियाने लगे। करीब आधा घंटा बीता होगा कि गुप्ता जी को दमे का दौरा पड़ने लगा। गुप्ता जी ने दमे से बेहाल होते हुए कहा, ''देखा न, मैं कहता था वही हुआ। ये ठंडी हवा और काले बादल मेरी जान के दुश्मन हैं।''

डॉ. वर्मा ने फौरन अपने बैग से एक इंजेक्शन निकालकर गुप्ता जी को लगाते हुए कहा, ''चिंता न करें। इस इंजेक्शन से आपको फौरन आराम मिलेगा।''

इंजेक्शन लगाने के दस मिनट बाद ही गुप्ता जी का दमे का दौरा ठीक हो गया। वे पूरी तरह स्वस्थ दिखने लगे। तब डॉ. शर्मा ने कमरे की खिड़की खोलते हुए कहा, ''अरे

यार गुप्ता! न तो बाहर ठंडी हवा चल रही है और न ही काले बादल छाये हैं।'' डॉ. वर्मा भी मुस्कुरा कर बोले, ''और मैंने आपको जो इंजेक्शन दिया था, वह शुद्ध जल मात्र (Chemically distilled water) था। वास्तव में आप शारीरिक रूप से पूरी तरह स्वस्थ हैं। बीमार है केवल आपका मन और उसकी दवा डॉक्टर शर्मा ही कर सकते हैं।''

गुप्ता जी यह सब सुनकर आश्चर्य में पड़ गये। डॉ. शर्मा ने कहा, ''आप चिंता न करें। मेरा विश्वास करिए मैं आपको एक सप्ताह में पूरी तरह स्वस्थ कर दूंगा। आप कल से मेरे क्लीनिक में आना शुरू करिए।''

डॉ. शर्मा ने गुप्ता जी से उनके व्यक्तिगत जीवन की छोटी-से-छोटी बात बड़ी शांति से पूछी और सुनी। उनका मनोविश्लेषण किया और बताया, ''देखो दोस्त! तुम्हारी बीमारी की जड़ में प्यार पाने की, विशेष रूप से अपनी प्रिय पत्नी का प्यार पाने की दमित लालसा है। तुमको पहला दौरा भी तभी पड़ा था जब वह बरसात के दिनों में तुम्हें छोड़कर और तुमसे लड़कर मायके चली गयी थी। तुम्हारा तन-मन उसके प्रेम को पाने के लिए व्याकुल था और उसे पाने का एक ही कारगर तरीका तुम्हारे अचेतन मन ने अपनाया कि तुम गंभीर रूप से बीमार पड़ जाओ। यह तरीका सफल भी रहा। भाभी जी तुम्हारी बीमारी की खबर सुनते ही वापिस आ गईं और तुम्हारी सेवा में लग गईं। मैं भाभी जी को भी समझा दूंगा कि वह तुम्हें छोड़कर न जाएं, खासतौर से बरसात के मौसम में तो कभी नहीं।''

और इसके बाद से गुप्ता जी को कभी दमे का दौरा नहीं पड़ा क्योंकि उनका चेतन मस्तिष्क अपने अचेतन में दबी इच्छा को जान चुका था।

काल्पनिकरोग-ग्रस्तता या रोग-भय के निम्नलिखित प्रमुख कारण होते हैं:—

❑ अपने परिवार या जीवन साथी के प्रेम तथा ध्यान को आकर्षित करने का अचेतन मन द्वारा किया गया प्रयत्न।

❑ बचपन से ही जरा-जरा सी बात पर दवा खाने की आदत।

❑ दवाइयों और उनके विज्ञापनों का अचेतन मन पर पड़ने वाला प्रभाव।

❑ बीमारों या डॉक्टरों की संगत का प्रभाव।

❑ जीवन की कठिनाइयों और कटु यथार्थ से बचने के लिए अचेतन मन द्वारा अपनाया तरीका।

❑ शारीरिक व्यायाम तथा खेल-कूद में अरुचि।

इन कारणों को जानने और उन्हें दूर करने के द्वारा काल्पनिक रोगग्रस्तता के भय से बचा जा सकता है। इस वैज्ञानिक तथ्य को सदैव स्मरण रखना चाहिए कि प्रकृति ने हमारे शरीर को इतना शक्तिशाली बनाया है कि वह लगभग सभी प्रकार के रोगों और उनकी

कीटाणुओं से स्वयं अपनी रक्षा कर सकता है। दवाइयां भी केवल शरीर की इस शक्ति की सहायता भर करती हैं और उनका आवश्यक मात्रा से अधिक सेवन हानि पहुंचाता है। दूसरा वैज्ञानिक तथ्य हृदयस्पर्शी विचारों का शरीर पर पड़ने वाला प्रभाव है। यदि हम सदैव स्वास्थ्य और प्रसन्नता से भरे विचार रखने का अभ्यास करते रहें, अपने मन में यह दोहराते रहें कि "मैं स्वस्थ हूं और सदा स्वस्थ रहूंगा क्योंकि स्वास्थ्य ही सुख, सफलता और प्रसन्नता की कुंजी है", तो निश्चय ही रोगों से मुक्त हुआ जा सकता है। इसके साथ ही नियमित रूप से प्रात:काल बाग-बगीचों में जाकर घूमना, व्यायाम करना तथा सादा और संतुलित आहार करना भी स्वास्थ्य के लिए आवश्यक है।

OOO

दुर्भीति (Phobia) 10

जो व्यक्ति अपने परिवेश के किसी पक्ष के प्रति अप्राकृतिक रूप से अत्यंत भयभीत रहता है उसे दुर्भीति या फोबिया ग्रस्त कहते हैं। फोबिया एक प्रकार का हल्का मानसिक रोग है। लेकिन कुछ लोगों में यह भयानक रूप भी धारण कर लेता है। फोबिया ग्रस्त रोगियों को नदी-नाले पार करने, अकेले रहने, पर्वतों पर चढ़ने, विमान, जलयान अथवा किसी वाहन से यात्रा करने आदि कार्यों में से किसी भी एक कार्य से बेहद डर लगता है।

फोबिया कई तरह के होते हैं। उन्हें स्पष्ट करने के लिए विभिन्न उत्तेजनाओं को विशेषण की भांति प्रयुक्त किया जाता है, जैसे जल से डरने को 'जलफोबिया' और उच्च स्थानों से भयभीत होने को 'उच्च स्थान फोबिया' कहते हैं। इसी प्रकार 'बन्द स्थान फोबिया', 'रक्त फोबिया' आदि अनेक प्रकार हैं।

जैसा कि हम पहले भी कह चुके हैं, डर लगना एक मनोवैज्ञानिक प्राकृतिक क्रिया है और अपनी उचित सीमा में वह स्वाभाविक और उपयोगी भी है लेकिन जब उचित सीमा से बाहर आकर व्यक्ति की मानसिक और शारीरिक क्रियाओं पर वह हानिकारक प्रभाव डालने लगता है तो उसे दुर्भीति अथवा फोबिया (Phobia) कहा जाता है। फोबिया व्यक्ति और परिवेश के संबंध में किसी भी प्रत्यक्ष परिस्थिति या वस्तु से उत्पन्न हो सकता है। अधिकांश फोबिया मनुष्य के जीवन के लिए आवश्यक प्राकृतिक रूप से महत्त्वपूर्ण वस्तुओं से होते हैं। कुछ मनोवैज्ञानिकों के अनुसार, फोबिया एक दृष्टि से रक्षात्मक होता है। वह व्यक्ति का ध्यान वास्तविक कारण की ओर नहीं जाने देता और इस प्रकार उसे वह कार्य करने से रोकता या बचाता है, जिसे उसका अचेतन मन जघन्य या अनैतिक समझता है।

मनोवैज्ञानिकों ने फोबिया के रोगियों की प्रवृत्तियों का विश्लेषण करने पर यह निष्कर्ष निकाला है कि जो स्त्री या पुरुष अपने व्यवहार में स्वाभाविक रूप से अंतर्मुखी (Introvert) होते हैं और जिनकी स्वैच्छिक स्नायु प्रणाली अस्थिर होती है वे बहिर्मुखी

(Extrovert) व्यवहार वाले लोगों की तुलना में सरलता से इस रोग से पीड़ित हो जाते हैं। फोबिया में रोगी को निम्नलिखित प्रकार का अनुभव होता है:

वह बहुत आतंकित अनुभव करता है। कुछ रोगी ऐसा अनुभव करते हैं मानो वे मर रहे हों। दूसरी तरह के रोगियों को लगता है जैसे उनका दम घुट रहा हो। ऐसे भी रोगी होते हैं जो मूर्छित होने के अनुभव से गुजरते हैं जबकि कुछ खड़े-खड़े डर के मारे गिर जाते हैं।

शारीरिक लक्षणों के रूप में श्वांस-प्रश्वांस की गति तीव्र हो जाना, पसीना आना, शरीर कांपना, हृदय की धड़कन बढ़ जाना, मांसपेशियों में अधिक तनाव या ढीलापन होना, मुंह सूख जाना, अत्यधिक शारीरिक कमजोरी आ जाना, पेट में खलबली-सी मच जाना, वमन होना, मल-मूत्र अपने आप निकल जाना आदि प्रमुख लक्षण हैं। फोबिया के कुछ रोगी भय के मारे आंख बंदकर भाग खड़े होते हैं अथवा कमजोरी के कारण भूमि पर गिरकर बेहोश हो जाते हैं।

वास्तव में ये सभी लक्षण भय की सर्वोच्च स्थिति के हैं, जैसा कि हम पहले वर्णन कर चुके हैं। आवश्यक नहीं कि प्रत्येक व्यक्ति में ये सभी लक्षण प्रकट हों। सभी के अपने निजी स्वभाव तथा व्यक्तित्व के आधार पर ही उसके शारीरिक लक्षण प्रकट होते हैं। परंतु वे उपर्युक्त लक्षणों के अंतर्गत ही आते हैं।

मनोचिकित्सक डॉक्टर आई.एम. मार्क्स के अनुसार, फोबिया या दुर्भीति को निम्नलिखित मुख्य वर्गों में विभाजित किया जा सकता है:

(1) सामाजिक दुर्भीति,

(2) विशेष प्रकार के कीड़े-मकोड़े या पशुओं से दुर्भीति,

(3) बीमारी दुर्भीति,

(4) विवृत्त-स्थान दुर्भीति।

1. **सामाजिक दुर्भीति:** इससे पीड़ित व्यक्ति अजनबी व्यक्तियों से मिलने, सामाजिक समारोहों अथवा सम्मेलनों में जाने, दूसरों के सामने अपने विचार प्रकट करने, मंच पर जाकर भाषण देने आदि में अत्यधिक भय का अनुभव करता है।

   सुप्रसिद्ध नाटक और फिल्म अभिनेता बलराज साहनी ने अपनी जीवनी में लिखा कि जिस समय वह अभिनेता बनने के लिए पहली बार इंटरव्यू देने गये तो भय के मारे उनकी हालत खराब हो गयी थी। लेकिन उनमें अपने भय पर विजय पाने की इतनी अदम्य इच्छाशक्ति थी कि उन्होंने हिंदी फिल्मों का सर्वश्रेष्ठ अभिनेता बनकर दिखा दिया। इससे एक महत्त्वपूर्ण तथ्य यह ज्ञात होता है कि यदि फोबियाग्रस्त व्यक्ति में अपने उस कार्य के प्रति जिसे करने से वह डरता है, अत्यधिक लगाव हो तो वह बार-बार प्रयत्न करके उस पर विजय पा सकता है। परंतु इसके लिए उसे हर

प्रयत्न के बाद अपने को स्वयं पुरस्कृत करना होगा अथवा विजय का भाव अनुभव करना होगा। यदि उसका कोई संगी-साथी उचित प्रशंसा द्वारा उसे प्रोत्साहित करता रहे, तो परिणाम और अच्छे आ सकते हैं।

2. **किसी विशेष कीड़े-मकोड़े या पशु से दुर्भीति:** यह दुर्भीति प्रायः बच्चों और स्त्रियों में अधिक पायी जाती है। इसके संबंध में उचित स्थान पर आगे के पृष्ठों में विस्तार से वर्णन किया जाएगा।

3. **बीमारी और मृत्यु की दुर्भीति:** यह वृद्धों तथा कमजोर और भावुक अंतर्मुखी नवयुवा स्त्री-पुरुषों को अधिक होती है।

4. **विवृत्त-स्थान दुर्भीति (agoraphobia):** इसके अंतर्गत परस्पर संबंधित अनेक भय आते हैं। उदाहरणार्थ अकेले होने का भय, घर से बाहर निकलने पर होने वाला भय, बंद स्थानों का भय, आवागमन के वाहनों से भय, सामाजिक स्थितियों का भय आदि।

ooo

खुले, बंद, ऊंचे या नीचे स्थान का भय 11

व्यवहारवादी मनोविज्ञान के डॉक्टरों का मत है कि इस प्रकार के भय पर विजय पाने के लिए निम्नलिखित उपाय सफल हो सकते हैं:

❑ किसी ऐसे व्यक्ति को साथ लीजिए जो आपका विश्वसनीय हो। उसे अपने भय के बारे में बता दीजिए। उसके साथ उस स्थान पर जाइए (खुले/बंद/ऊंचे/नीचे स्थान विशेष पर जहां आपको भय लगता है)। वहां जाकर अपने विश्वसनीय मित्र से किसी अपनी रुचि के विषय, जैसे—साहित्य, संगीत, खेल-कूद, फिल्म पर बातचीत कीजिए। उस स्थान पर रुकने का समय धीरे-धीरे बढ़ाते जाइए।

❑ उस स्थान से आने के तत्काल बाद कोई अपना मनपसंद कार्य करिए, जैसे—स्वादिष्ट भोजन करना, खेलना, फिल्म देखना आदि।

❑ ऐसे लोगों की संगत में रहिए, जिन्हें आप जैसा भय नहीं सताता।

श्री सत्संगी वस्त्रनिर्माण उद्योग (टैक्सटाइल) के विशेषज्ञ थे। वे एक कारखाने के जनरल मैनेजर बन गये। इस पद के कारण उन्हें तरह-तरह की सभा-सोसायटियों में जाना पड़ता। अफसरों, कर्मचारियों और यूनियन कार्यकर्ताओं की मीटिंगों में शामिल होना पड़ता। दूसरों के विचार सुनने और अपने बताने पड़ते। इससे उन्हें इतना मानसिक तनाव हो जाता था कि सिर बुरी तरह दर्द करने लगता। जब दवाइयों से कुछ भी लाभ नहीं हुआ तो वे एक मनश्चिकित्सक के पास गये। मनश्चिकित्सक ने उनकी पूरी 'हिस्ट्री' सुनने के बाद बताया कि यह रोग शारीरिक न होकर मानसिक है। वे एक अंतर्मुखी प्रवृत्ति के व्यक्ति रहे हैं। एकांत में पढ़ना, प्रयोगशाला अथवा कारखाने की मशीन पर प्रयोग करना ही अब तक उनका कार्य रहा है। उसने सुझाव दिया कि सबसे पहले तो श्री सत्संगी किसी भाषण या नाट्य क्लब के सदस्य बन जाएं। वहां लोगों में रुचि लें, उनके भाषण सुनें और भाषण देने की कला सीखें। इसके बाद कुछ समय अपनी रुचि के खेल बेडमिंटन में लगाएं। और फिर अपने कारखाने के मजदूरों और अफसरों

की व्यक्तिगत कठिनाइयों तथा समस्याओं में एक समाज सेवक के रूप में रुचि लें। अपने को उनका अफसर नहीं सच्चा नेता समझें।

श्री सत्संगी ने मनश्चिकित्सक की सलाह के अनुसार ही कार्य करने प्रारंभ कर दिए। दो माह में उनका मानसिक तनाव, संकोच, सिरदर्द और भय दूर हो गया। वे एक सफल और लोकप्रिय जनरल मैनेजर बन गए।

डॉ. आई.एम. मार्क्स द्वारा किये गए एक सर्वेक्षण के अनुसार, 60% रोगियों को विवृत्त-स्थान दुर्भीति से पीड़ित पाया गया, 8% में सामाजिक दुर्भीति, 3% में पशुओं से दुर्भीति, 15% व्यक्ति विभिन्न प्रकार के रोगों की दुर्भीति से पीड़ित और 14 प्रतिशत में अन्य प्रकार की दुर्भीतियां पायी गयीं।

कैंसर, गुप्त रोगों और हृदय रोगों से पीड़ित होने की दुर्भीति प्रायः युवा अवस्था के प्रारंभ में होती है। इसके साथ अन्य मनोविकार भी मिले रहते हैं और इसे उनसे अलग करना कठिन होता है। उदाहरण के लिए रोगों या बीमारी की दुर्भीति ऑब्सेशन या मनोग्रसित रोग के लक्षणों से मिलती-जुलती हो सकती है।

दुर्भीति (Phobia) को मनोजन्य दृष्टि से इन तीन श्रेणियों में रखा जा सकता है।

साधारण मूर्त फोबिया

इसमें व्यक्ति को किसी मूर्त या वास्तविक उत्तेजना से भय लगता है। उसके लिए इस उत्तेजना का अर्थ पूरी तरह शाब्दिक होता है।

कानपुर के एक मनश्चिकित्सक डॉ. आर. पी. शर्मा ने इस संबंध में एक रोगी 'ख' की घटना सुनायी। उसकी आयु लगभग 22 वर्ष थी। उसे कुत्ते के भौंकने की आवाज से बेहद भय लगता था। डर के मारे वह पसीने से लथपथ हो जाता था और भाग खड़ा होता था। उसके हृदय की धड़कन बढ़ जाती थी। अपने को संतुलित करने में उसे लगभग आधा घंटा लग जाता था। इस दुर्भीति के कारण वह बहुत से महत्वपूर्ण लोगों से इसलिए नहीं मिल पाता था, क्योंकि उनके घरों में कुत्ते पले हुए थे अथवा रास्ते में कुत्ते मिलते थे।

मनश्चिकित्सक के पूछने पर 'ख' ने बताया कि उसे कभी किसी कुत्ते ने काटा नहीं था, बाल्यावस्था में भी नहीं। लेकिन वह कुत्ते और उसके भौंकने से बचपन से ही डरता था। डॉक्टर ने उसे आरामकुर्सी पर शिथिल अवस्था में लाने के बाद कहा कि वह अपने बचपन की महत्त्वपूर्ण घटनाएं याद करने का प्रयत्न करे और उसके प्रश्नों के उत्तर देता जाए। मनोविज्ञान की स्वतंत्र कथन की विधि को अपनाने के बाद रोगी को याद करने पर पता चला कि वह जब लगभग सात-आठ वर्ष का था, तो एक कस्बे में अपने माता-पिता के साथ रहता था। उसका मकान जिस स्थान पर था वहां तक पहुंचने के लिए दो मार्ग थे, एक बाजार से गुजरने वाला लंबा मार्ग और एक छोटा मार्ग, जो एक संकरी गली से

होकर गुजरता था। माता-पिता और घर के बड़ों ने बच्चों को बड़े मार्ग से ही घर आने की आज्ञा दे रखी थी। सभी लोग बाजार वाले रास्ते से ही आते थे। एक शाम जब 'ख' को अपने साथी बच्चों के साथ खेलते-खेलते देर हो गयी तो वह घर जल्दी पहुंचने के लिए संकरी गली वाले मार्ग से तेज कदमों से जाने लगा। तभी अचानक एक भयानक कुत्ते ने भौंकते हुए उसका पीछा किया। उस भयानक कुत्ते के अचानक जोर से भौंकने के कारण 'ख' को बहुत डर लगा और वह बेहोश हो गया। उसी समय उस गली में रहने वाले 'ख' के एक परिचित बाल मित्र ने उसे संभाला, कुत्ते को शांत किया और 'ख' को उसके घर तक पहुंचाया। 'ख' ने अपने बाल मित्र से, जो आयु में उससे बड़ा था, अनुरोध किया कि वह उसके माता-पिता को कभी यह न बताये कि वह उस गली के रास्ते से आ रहा था।

डॉक्टर ने 'ख' को समझाया कि समय व्यतीत हो जाने के साथ 'ख' का यह अपराध बोध कि वह निषिद्ध गली से आ रहा था, उपचेतन में दब गया, परंतु कुत्ते के भौंकने का भय चेतन मन में समाया रहा। इस घटना की याद चेतन मन में आ जाने के बाद 'ख' का कुत्तों और उनके भौंकने से डरना खत्म हो गया।

मनोवैज्ञानिक बैग्बी ने इसी प्रकार दुर्भीति की एक रोचक सत्य घटना का वर्णन किया है, जिसे यहां हम अपने शब्दों में प्रस्तुत कर रहे हैं:

एक नवयुवती को बहते पानी से फोबिया हो गया था। उसकी आयु लगभग 20-21 वर्ष की थी। वह एक कुलीन परिवार की थी। बहते हुए पानी की आवाज सुनकर उसे तीव्र भय लगने लगता था। बस, कार या ट्रेन से यात्रा करते समय भी वह बहते पानी को देखने से भयभीत हो जाती थी। ऐसे समय वह अपनी ओर की खिड़कियां बंद कर लेती। इस नवयुवती को अपने अस्वाभाविक भय का कारण स्वयं नहीं पता था।

अचानक एक दिन उसकी चाची आयी। वह 13 वर्ष बाद उस नवयुवती से मिल रही थी। जब उसे युवती के फोबिया के बारे में बताया गया तो उसने 13 साल पुरानी एक घटना का जिक्र किया। उस समय युवती की आयु केवल 7 वर्ष की थी। लड़की अपनी मां और चाची के साथ घूमने गयी थी। मां उसे चाची के साथ अकेले छोड़कर घर जल्दी लौट गयी। चाची के साथ घूमते-घामते लड़की अपने बचपने में आकर इधर-उधर दौड़ने लगी। उसने चाची का कहना मानने से इंकार कर दिया और दौड़ते-दौड़ते कहीं चली गयी। चाची उसे अपनी आंखों से ओझल होते देखकर परेशान हो गयी और उसे खोजने लगी। कुछ समय बाद चाची ने उसे अत्यंत भयभीत अवस्था में दो चट्टानों के बीच फंसे हुए पाया। वहां छोटे से झरने का पानी लड़की के सिर पर से होकर बह रहा था। चाची ने उसे चट्टानों के बीच से निकाला। लड़की ने स्वस्थ होने पर कहा कि चाची जी इस घटना का जिक्र उसकी मां से न करें अन्यथा वे बहुत नाराज़ होंगीं। चाची ने लड़की की बात को मान लिया। दूसरे दिन चाची के जाने के बाद से लड़की को बहते पानी के प्रति

फोबिया हो गया। यह फोबिया 13 साल तक बना रहा। चाची के द्वारा इस घटना के बताने पर लड़की को अपनी बाल्यावस्था की यह घटना याद हो आयी। इसके फलस्वरूप उसका यह फोबिया दूर हो गया।

व्याख्या: बैग्बी के मतानुसार फोबिया में भय के साथ-साथ अपराध या भर्त्सना की भावना भी होती है।

साधारण फोबिया भय के किसी अनुभव से प्रारंभ होता है। समय व्यतीत होने के साथ मूल उत्तेजना के समान उत्तेजना से भय तो लगता रहता है किंतु प्रारंभिक अनुभव की कोई स्मृति नहीं रह जाती। उपर्युक्त केसों में रोगियो को डर तो लगता है परंतु उन्हें यह याद नहीं आता कि वह कब और कैसे शुरू हुआ था। वे जानते थे कि उनका डर अनर्गल है, लेकिन चाहने पर भी वे अपने डर पर कोई नियंत्रण नहीं रख पाते।

फोबिया को समझने के लिए भय उत्पन्न करने वाली स्थिति के साथ-साथ व्यक्ति के तत्कालीन उद्देश्य की जानकारी प्राप्त करना भी आवश्यक होता है। फोबिया से पीड़ित लोगों के आत्मनिर्माणक असंशोधित तथा अतिरंजित होते हैं, जिससे वे किसी प्रकार के नियंत्रण में रहना पसंद नहीं करते। जब उनकी अतिरंजित स्वतंत्रता पर भय का अंकुश लग जाता है तो उसके फलस्वरूप उनमें आत्मप्रताड़ना की भावना उत्पन्न होती है, जिससे वे अपने को अपराधी अनुभव करने लगते हैं। एक बार भयोत्पादक स्थिति से निकल जाने के बाद उसकी अतिरंजित स्वतंत्रता फिर जोर पकड़ती है और अपराध भावना का तो शमन हो जाता है किंतु भय फिर भी अतिरंजित स्वतंत्रता को नियंत्रित करने के लिए बना रहता है। उपर्युक्त दोनों घटनाओं में युवक तथा युवती मूल घटना जन्य अपराध भावना को तो भूल चुके थे, किंतु भय का नियंत्रण आवश्यकता न होने पर भी उन पर बना रहता था। इसलिए कुछ मनोवैज्ञानिकों के अनुसार, साधारण मूर्त फोबिया या दुर्भीतियों को आत्मप्रताड़ना का एक विशेष रूप कहा जाता है।

प्रतीकात्मक मूर्त दुर्भीति

इसमें व्यक्ति किसी वास्तविक या मूर्त उत्तेजना, जैसे—छुरी, चाकू, कीड़ों या धूल आदि से भयभीत होने लगता है। इन चीजों का उसके लिए बहुत महत्त्वपूर्ण प्रतीकात्मक अर्थ होता है। व्यक्ति की उद्देश्यों की व्यवस्था या अभिरुचि की दिशा के प्रसंग में फोबिया का प्रतीकात्मक अर्थ व्यक्ति के लिए खतरनाक होता है। व्यक्ति की भावात्मक अतिरंजित अभिरुचि को इच्छा कहा जा सकता है और फोबिया में वह इच्छा छिप जाती है अर्थात् उसके अपने अचेतन मन में जो बहुत बलवती भाव भरी इच्छा होती है उसका चेतन मन उसे नहीं जानता। यह इच्छा फोबिया के कुछ प्रकारों में आत्मकेंद्रित होती है, कुछ लोगों के व्यक्तित्व के विकास में जातिकेंद्रित और आत्मकेंद्रित उद्देश्यों के ठीक से संगठित न होने के फलस्वरूप होती है तथा कुछ में केवल जातिकेंद्रित।

मनोवैज्ञानिक फिशर ने प्रतीकात्मक मूर्त फोबिया का एक उदाहरण दिया है। इसमें फोबिया ग्रस्त रोगी की इच्छा अपने पिता की मृत्यु होने पर प्रकट हुई थी। एक युवती को सदा यह भय लगता रहता था कि उसकी मां रसोईघर में रखे एक विशेष चाकू को भोंककर उसे मार डालेगी। उसे यह भय इतना अधिक ग्रस्त किये था कि मां के सो जाने के बाद ही उसे निद्रा आ पाती थी। वह उस चाकू का स्पर्श करने तक से घबड़ाती थी। इतने भय के बावजूद भी वह जानती थी कि उसका भय निराधार है। वह चाकू से केवल भयभीत ही नहीं थी वरन् उसके प्रति एक विचित्र-सा आकर्षण भी अनुभव करती। इसीलिए उसे चाकू को नष्ट करने या फेंक देने का विचार कभी नहीं आता था।

युवती के दो बड़े भाई थे। वह शिक्षित और समझदार थी। वह अपने पिता को बहुत चाहती थी। पिता को मरे काफी समय हो गया था किंतु वह पिता को स्वप्नों में प्रायः देखती थी। मां के प्रति उसकी भावनाएं, ईर्ष्या, भय तथा सहानुभूति से मिश्रित थीं।

प्रतीकात्मक मूर्त फोबिया की व्याख्याः इस प्रकार के फोबिया सैक्स, राग, निर्देशन तथा सहानुभूति के अतिरंजित प्रेरकों के प्रति रक्षा के उपाय होते हैं। दूसरे शब्दों में, हम कह सकते हैं कि व्यक्ति सैक्स, प्रेम आदि प्राप्त करने की जो बलवती इच्छाएं रखता है, फोबिया उसे उन इच्छाओं की पूर्ति से बचाने का एक मानसिक उपाय होता है। यह उपाय उसका चेतन मन ही उत्पन्न करता है लेकिन उसका मूल अवचेतन मन में छिपा हुआ होता है। सैक्स और प्रेम संतुष्टि की ये शक्तिशाली इच्छाएं प्रायः अनैतिक होती हैं। इस प्रकार के फोबिया द्वारा अतिरंजित आकर्षण (या बलवती इच्छा की संतुष्टि) वास्तविक वस्तु से हटकर उसकी प्रतीकात्मक वस्तु पर केंद्रित हो जाता है। प्रतीकात्मक उत्तेजना में निहित आकर्षण व्यक्ति के आत्मनिर्धारण के लिए एक खतरा बना रहता है जिससे अत्यधिक भय उत्पन्न होता है। इस अत्यधिक भय के कारण व्यक्ति का ध्यान आकर्षित करने वाली वास्तविक उत्तेजना से हटकर प्रतीकात्मक वस्तु पर केंद्रित हो जाता है।

इस उपरोक्त युवती का मनोविश्लेषण करने पर ज्ञात हुआ कि वह बचपन में मां-बाप के पास सोती थी और सबेरे अपने पिता के साथ खेलती थी। वह अपने पिता को अत्यधिक प्यार करती थी। जब वह करीब दस वर्ष की थी, उसका एक बड़ा भाई उससे शारीरिक संपर्क जोड़ने के लिए रात्रि में उसके पास आया करता था। इससे उसे बहुत मानसिक पीड़ा होती थी। लेकिन उसने यह बात किसी को बतायी नहीं थी। भाई के संपर्क से युवती ने स्त्री-पुरुष संभोग के विषय में बहुत-सी बातें जान ली थीं। इससे उसे अनुमान हो गया था कि उसके माता-पिता के बीच कैसा शारीरिक संपर्क है। पिता के प्रति प्रेम के साथ-साथ अब युवती की उससे मैथुन करने की भावना भी जुड़ गई थी। आयु बढ़ने और समझदार होने पर उसने अनुभव किया कि पिता के प्रति उसकी भावनाएं समाज की नैतिकता के विरुद्ध हैं। अतः उसे इन भावनाओं से अपनी रक्षा करना अत्यंत

आवश्यक हो गया। इसके परिणामस्वरूप वह अपने विचारों में खोयी-खोयी-सी रहने लगी, क्योंकि उसके आत्मनिर्धारण और नैतिक आदर्शों पर चोट लग रही थी।

भाई के साथ होने वाले सैक्स अनुभवों से युवती को जो मानसिक और शारीरिक पीड़ा होती थी उससे उसकी मैथुन क्रिया ने चाकू भोंके जाने की धारणा का रूप ले लिया था। इसके साथ ही उसके मन में यह विचार भी था कि पिता उसकी मां के लिए है, उसके लिए नहीं। इस कारण युवती के मन में अपनी मां के प्रति अपराध मनोग्रंथि भी बन गयी थी।

युवती जिस चाकू से डरती थी, वह उसके अचेतन मन में पुरुष लिंग (शिश्न) का प्रतीक था। इस प्रकार अपराध मनोग्रंथि और चाकू भोंके जाने के विचारों की उत्पत्ति, रुचि और राग के एक ही आधार पर होने से युवती के मन में मां द्वारा चाकू भोंके जाने का विचार घर कर गया था। इसलिए वह पिता के प्रति जितनी आकर्षित होती थी उसके मन में चाकू भोंके जाने का भय उतना ही शक्तिशाली हो जाता था। चाकू चूंकि शिश्न का प्रतीक था इसलिए उसे नष्ट करने का विचार भी उसके मन में नहीं आता था। इस प्रकार पिता के प्रति आकर्षण जाग्रत होने पर भय का शक्तिशाली हो जाना युवती के लिए एक विषम स्थिति से बचने का रक्षात्मक उपाय था। युवती पिता के संबंध में जिन स्वप्नों को देखा करती थी वे मैथुनात्मक होते थे। मनोविश्लेषण द्वारा जब उसे अपने अवचेतन मन में दबी इच्छाओं और भावनाओं का ज्ञान हो गया तो उसकी दुर्भीति (या फोबिया) समाप्त हो गयी। उसकी मां के प्रति आशंका, चाकू आदि का भय भी खत्म हो गया।

सैक्स और मनोविज्ञान

अनैतिक काम संबंधों के संबंध में मनोविज्ञान के अनुसार पिता-पुत्री, माता-पुत्र आदि पारिवारिक संबंधों के मूल में काम भावना ही निहित होती है। मानव जब पशुओं की भांति जंगली अवस्था में रहता था, तब इस प्रकार के संबंध स्वाभाविक थे। परंतु परिवार की संस्था का उदय हो जाने के बाद इन संबंधों को सामाजिक तथा नैतिक दृष्टि से निषिद्ध घोषित कर दिया गया। परिवार तथा समाज के स्वस्थ विकास के लिए ऐसा करना आवश्यक भी हो गया। अत: मनोवैज्ञानिक इस प्रकार की काम भावनाओं को दमित करने की बजाय उन्हें समझने तथा सात्विक प्रेम में रूपांतरित करने की सलाह देते हैं।

प्रतीकात्मक अमूर्त दुर्भीति

इसमें व्यक्ति अपनी ही किसी आंतरिक प्रेरणा से भयभीत रहने लगता है और वह आंतरिक प्रेरणा उसी से संबंधित होती है, उसके परिवेश से नहीं। प्रतीकात्मक अमूर्त दुर्भीति में व्यक्ति परिवेश की किसी उत्तेजना या उसके किसी प्रतीकात्मक अर्थ से नहीं डरता।

व्यक्ति का मानसिक संतुलन जातीय व आत्मीय उद्देश्यों के संगठन पर निर्भर करता है और यह संगठन तभी संभव है, जब व्यक्ति के अपने उद्देश्य, परिवार तथा समाज के प्रति उसके उद्देश्यों में विरोध न होकर सौमनस्य हो। वे एक सम्मिलित इकाई बनकर मनुष्य के बहुमुखी व्यवहार का संचालन करें।

प्राय: दुर्भीति या फोबिया का कारण व्यक्ति के बचपन में हुई किसी घटना अथवा घटनाक्रमों में छिपा रहता है। जो व्यक्ति प्रतीकात्मक अमूर्त फोबिया से पीड़ित होता है वह अपने बचपन के किसी कटु अनुभव के कारण अपने बहुमुखी व्यवहार में अपनी सारी शक्ति नहीं लगा पाता। उसकी कुछ मानसिक शक्ति सदा रुकी रहती है और वह उसके मानसिक संगठन के साथ तालमेल नहीं बैठा पाती। इस प्रकार यह शक्ति आत्म-नियंत्रित बन जाती है और मानसिक संगठन के लिए एक खतरे या भय का रूप धारण कर विशेष अवसर पर अमूर्त फोबिया का कारण बन जाती है।

उपरोक्त संदर्भ में डी.एस. मधुकर द्वारा उद्धृत यह केस ध्यान देने योग्य है:

प्रताप एक गरीब घर का लड़का था। वह अपने पांच भाई-बहनों में चौथा था। उसकी मां महत्त्वाकांक्षी और पिता लापरवाह था। आर्थिक संकट के कारण उसकी पारिवारिक स्थिति शोचनीय थी। किंतु स्वयं महत्त्वाकांक्षी होने से प्रताप ने अपने अध्यवसाय से पढ़-लिख कर एक अच्छी नौकरी पा ली थी। वह जीवन में आगे भी बहुत कुछ करने की इच्छा रखता था। प्रताप ने प्रेम विवाह किया था और पत्नी से उसे बड़ी आशाएं थीं। किंतु पत्नी चंचल, मनमौजी, दुराचारी स्वभाव की और तपेदिक की मरीज निकली, जिससे प्रताप के आत्मनिर्धारण को बड़ा धक्का लगा।

प्रताप पत्नी को देखने के लिए आनेवाली लेडी डॉक्टर के प्रति आकर्षित होने लगा। लेडी डॉक्टर में उसे स्त्रियोचित वे सभी गुण दिखायी दिये जिन्हें वह अपनी पत्नी में देखना चाहता था, लेकिन देख न सका था। धीरे-धीरे वह अपनी पत्नी और एकमात्र बच्चे से विमुख रहने लगा और घर उसके लिए एक धर्मशाला-सा बन गया। वह लेडी डॉक्टर से विवाह करने की योजनाएं बनाने लगा। उसने अपनी पुरानी मान्यताओं और आदर्शों को तिलांजलि दे दी और अब उसकी सारी विचारधारा, अनुभूति और चेष्टाएं पुरानी महत्त्वाकांक्षा पर फिर केंद्रित होने लगीं। धीरे-धीरे उसे अकेले रहने में डर लगने लगा, वह अकेले निकलने में भी डरने लगा। वह अब अकेला निकलने की चेष्टा करता तो कांपने लगता। मृत्यु के विचारों से घिर-सा जाता।

प्रताप के इस फोबिया का कारण स्पष्ट है। महत्त्वाकांक्षा के लिए सुरक्षित उसकी शक्ति उसके मानसिक संगठन के लिए एक खतरा बन चुकी थी। तीव्र महत्त्वाकांक्षा ने उसे संतुलनात्मक स्तर पर चेष्टा करने से वंचित कर दिया था, जिससे उसकी सुरक्षित शक्ति को बल मिलता था और वह उसके अंदर अस्वस्थ डर पैदा करती थी। आत्मनिर्भरता

की कमी से प्रताप को अकेले निकलने में भी डर लगता था। उसका अकेले निकलने से डरना आत्मनिर्भरता की कमी का प्रतीक था। एक ओर तो वह आत्मनिर्भरता के अभाव से संतुलनात्मक स्तर पर चेष्टा करने के अयोग्य बन गया था और दूसरी ओर उसकी पुरानी महत्त्वाकांक्षा उसे बेचैन किये रहती थी। इसका ही सम्मिलित परिणाम प्रताप के लिए एक अमूर्त फोबिया बन गया और वह अपनी ही महत्त्वाकांक्षा की प्रेरणा से डरने लगा। वह जब अकेला निकलने की चेष्टा करता था तब कांपने लगता था और उसके मन में मूर्छित होने और मृत्यु के विचार आने लगते थे।

ऑब्सेशन: अबौद्धिक अनियंत्रित मानसिक क्रिया का रोग

किसी ऐसी मानसिक क्रिया को, जो बौद्धिक दृष्टि से अनुचित हो और व्यक्ति उस पर नियंत्रण न कर सके ऑब्सेशन (भीत बाधा) कहते हैं। इस मानसिक रोग की अवस्था में व्यक्ति के मन में लगातार कोई परेशान करने वाला विचार रहता है। व्यक्ति यह समझते हुए भी कि यह विचार बेतुका और निराधार है फिर भी कुछ कर नहीं पाता। उस विचार से परेशान होने से व्यक्ति की रागात्मक प्रतिक्रिया जागृत हो जाती है। ऑब्सेशन के अधिकांश केसों को फोबिया के अंतर्गत रखा जा सकता है क्योंकि इनमें डर की प्रधानता पायी जाती है। फोबिया में व्यक्ति के सामने फोबिया या दुर्भीति उत्पन्न करने वाली उत्तेजना या स्थिति उपस्थित रहती है, जबकि ऑब्सेशन में व्यक्ति उत्तेजना को अनायास खोजता है।

डॉ. असलम के पास निर्मला नाम की चालीस वर्षीया धनवान रोगिणी का केस आया। उसे 6 के अंक का ऑब्सेशन हो गया था। हर महीने की 6 तारीख को निर्मला बिस्तर पर पड़ी रहती थी और उसे सिर दर्द या पेट दर्द हो जाया करता। उसे लगता कि इस तारीख को अवश्य ही उसकी दुर्घटना या मृत्यु हो जाएगी। वह कोई भी अच्छा कार्य 6 तारीख को नहीं करती। छह शब्द सुनकर ही वह परेशान और भयभीत हो जाया करती थी। वह लोगों की बातचीत, हिसाब-किताब, कलैंडर आदि में छह का अंक खोजा करती और फिर उससे बचने का प्रयत्न करती। जीना चढ़ते हुए वह छठी सीढ़ी पर पैर नहीं रखती। छह आदमी या छह स्त्रियों की संगत, छह नंबर का मकान, कमरा या गाड़ी का डिब्बा सभी से वह बचने की कोशिश करती। उसके दिलो-दिमाग पर 6 के अंक का ऐसा भूत सवार हो गया था कि नित्यप्रति के कार्यों को करने में उसे बहुत कठिनाई आती।

डॉ. असलम ने पहली कुछ 'सिटिंग्स' में निर्मला के विश्वास को जीतने का प्रयत्न करते हुए उसे यह विश्वास दिलाया कि वह एक डॉक्टर है और रोगिणी का भला चाहता है। इसलिए वह उसे जो भी बात बताएगी वह उसे गुप्त रखेगा। वह उस बात या घटना को उसके पति, बच्चों या अन्य किसी भी व्यक्ति को नहीं बताएगा।

इसके पश्चात डॉ. असलम ने साहचर्य की मनोवैज्ञानिक रीति से उसे अपनी बाल्यावस्था और किशोरावस्था की हर महत्त्वपूर्ण घटना याद करके बताने के लिए प्रोत्साहित किया। रोगिणी निर्मला (यह नाम वास्तविक नहीं) ने उसे जो कुछ बताया वह इस प्रकार था:

निर्मला एक अच्छे परिवार की पुत्री थी। परिवार का वातावरण बहुत धार्मिक और नैतिक मूल्यों को मानने वाला था। निर्मला जिस समय 15 वर्ष की थी उसे अपने एक हम उम्र किशोर से प्रेम हो गया था। वह युवक 6 अंक के प्रति बहुत अंधविश्वास रखता था। उसे इस अंक से डर लगता था। लड़की उस लड़के से जिस दिन पहली बार मिली थी तब तारीख 6 ही थी। उन दोनों का प्रेम शीघ्र प्रणय में बदल गया था। कुछ महीनों बाद जब दोनों का शारीरिक संबंध हुआ उस दिन भी 6 तारीख थी, महीना भी छठा था और उनके शारीरिक संबंध का समय भी सुबह के 6 बजे का था।

शारीरिक रूप से एक-दूसरे को समर्पित हो जाने के बाद लड़के ने कहा कि लाख चाहने पर भी वे दोनों शादी नहीं कर पाएंगे और उनका प्रेम असफल सिद्ध होगा। इसके लिए उसने 6 अंक के मनहूस असर के बारे में बताया था। मैथुन के बाद निर्मला को अपने इस कृत्य पर बहुत दुख हुआ था। यद्यपि उसके प्रेमी किशोर ने कण्डोम का उपयोग किया था और गर्भ रहने की कोई गुंजाइश नहीं थी पर निर्मला अपने को दोषी समझती थी। उन दोनों का यह प्यार करीब दो वर्ष तक चलता रहा। लड़के के विचारों का निर्मला के दिमाग पर बहुत प्रभाव पड़ा। लेकिन वह 6 के अंक से भयभीत होना मूर्खता समझती थी। निर्मला एक धनवान पिता की इकलौती पुत्री थी और वह लड़का एक गरीब परिवार का तीसरा बेटा। लड़के के पिता सरकारी नौकर थे। उनका ट्रांसफर हो जाने के साथ ही लड़का भी उस नगर से चला गया। इसके बाद वह निर्मला से कभी नहीं मिला।

अपने प्रेमी युवक के जाने के बाद से वह पूजा-पाठ, व्रत आदि का बड़ी कठोरता से पालन करने लगी। कुछ महीनों बाद निर्मला उस लड़के को पूरी तरह भूल गयी।

साल भर बाद निर्मला का विवाह एक स्वस्थ, सुंदर तथा शिक्षित युवक से हो गया। वह एक धनवान परिवार का पुत्र था। उसके प्रेमपूर्ण व्यवहार को पाकर निर्मला अपनी किशोरावस्था के प्रेमी को पूरी तरह भूल गयी। उसका जीवन हास-विलास और खुशियों से भरा था। लेकिन जिस दिन उसे पहली बार गर्भवती होने का अनुभव हुआ उसके मन में 6 के अंक के प्रति भय की भावना अचानक जाग उठी। उसका यह भय बराबर बढ़ता ही चला गया। वह अपने को बड़ी पतिव्रता और धार्मिक स्त्री मानती थी। अपने भय को दूर करने के लिए उसने अनेक धार्मिक अनुष्ठान करवाये पर कोई लाभ नहीं हुआ।

मनोवैज्ञानिक डॉ. असलम ने निर्मला को यह समझाया कि उसका भय उसके बालप्रेमी की स्मृति को दबाने का एक उपाय है जो उसका अचेतन मन अपनाता है और वह अंदर से उस संबंध के प्रति एक अपराध या पाप जैसी भावना से जकड़ी हुई है। उसके कारण ही वह भयभीत रहती है और अपनी पुरानी नैतिक भूल के लिए अपने को दंड देती है।

डॉक्टर ने आगे समझाया कि बिना विवाह किये सैक्स संबंध बनाना किसी भी प्रकार से उचित नहीं। लेकिन वह कोई पाप भी नहीं है। उसे केवल एक व्यावहारिक गलती समझकर निर्मला को अपने-आपको क्षमा करना चाहिए।

निर्मला अपने अचेतन मन में दबे प्रणय प्रसंग, किशोर प्रेमी के विचार आदि जानने के बाद 6 अंक के भय से पूरी तरह मुक्त हो गई। उसका पेट दर्द और सिर दर्द भी खत्म हो गया। इस प्रकार उसके अचेतन में नैतिकता-अनैतिकता, पतिव्रत धर्म और विवाह पूर्व शारीरिक संबंध आदि के संघर्ष के फलस्वरूप चेतन मन में 6 अंक के प्रति जो भय की भावना उत्पन्न होती थी और सिर दर्द तथा पेट दर्द रहता था वह वास्तव में 'सुपर इगो' द्वारा दिया गया एक दंड तथा चेतावनी थी कि निर्मला पुनः वैसी गलती न करे। अपने मन में छिपी इच्छाओं, भावनाओं तथा संघर्षों आदि को समझने के बाद निर्मला पूरी तरह स्वस्थ हो गई।

बाध्य क्रियाएं अर्थात् कम्पलशन्स:

ये क्रियाएं व्यक्ति द्वारा लगातार की जाती हैं, इनका कोई औचित्य नहीं होता, ये निश्चित होती हैं तथा प्रत्यक्ष रूप में की जाती हैं। इनको अंग्रेजी में कम्पलशन्स (compulsion) बाध्य क्रिया कहते हैं। भीति बाधा (ऑब्सेशन) और बाध्यक्रियाएं परस्पर बहुत कुछ मिलती हैं। इनमें एक मुख्य अंतर यह होता है कि बाध्य क्रियाएं प्रत्यक्ष शारीरिक क्रियाएं होती हैं जबकि ऑब्सेशन मुख्यत: मानसिक क्रिया है। 'ऑब्सेशन' में कभी-कभी कोई ऐसी शारीरिक क्रिया नहीं होती जिसे दूसरों द्वारा देखा जा सके। लेकिन वह बाध्य क्रिया द्वारा भी प्रकट हो सकता है। पीछे हम हिसार के श्री राजाराम का उदाहरण दे चुके हैं जो दिन में अकारण लगभग तीस बार साबुन से हाथ-मुंह धोते हैं।

श्री राजाराम का मनोविश्लेषण करने पर ज्ञात हुआ कि जब वह लगभग बारह वर्ष के थे तो उनसे एक बड़े आयु के लड़के ने अपना हस्तमैथुन करवाया था। उनका हाथ-मुंह वीर्य से गंदा हो गया था। इसके फलस्वरूप उनकी सैक्स संबंधी उत्सुकता और सुपर इगो में एक द्वंद्वात्मक संबंध स्थापित हो गया था। इसके कारण उनमें एक अपराध भावना उत्पन्न हो गई थी। इसको वे भुलाना चाहते थे।

इस घटना को उनका चेतन मन भूल भी गया था, पर अपराध भावना बनी रह गयी थी। इससे उनमें आत्मग्लानि की भावना भी पैदा हो गई थी। इस अनुभव-जन्य मानसिक गंदगी की भावना को मिटाने के लिए अपने हाथों और मुंह को बार-बार साबुन से धोने के लिए वे विवश होते थे। बाद में, मनोचिकित्सक द्वारा जब श्री राजाराम ने अपनी सैक्स भावना और बाध्य क्रिया के संबंध को समझ लिया, तो उनकी बार-बार हाथ-मुंह धोने की आदत खत्म हो गयी। वे फिर तीस-चालीस बार हाथ-मुंह न धोने पर भी किसी प्रकार का कष्ट नहीं अनुभव करते थे।

इसी प्रकार का एक दूसरा केस दिल्ली के एक मनोचिकित्सक डॉक्टर ने कुछ यूं बताया:

शीला नामक पच्चीस वर्ष की युवती एक दिन में लगभग आठ-दस बार अपने कमरे में झाड़ू लगाकर उसे पानी से धोकर पोंछा लगाने के लिए बाध्य हो जाया करती थी। यदि कभी वह ऐसा नहीं कर पाती तो उसके पूरे शरीर में दर्द हो जाता, उसे अजीब-सी बेचैनी और घबराहट अनुभव होती। उसकी यह बाध्य क्रिया इस दशा में पहुंच चुकी थी कि उसके लिए सामान्य रीति से जीवन व्यतीत करना कठिन हो गया था। उसकी विवाह करने की आयु थी लेकिन वह विवाह नहीं करना चाहती थी। अत: माता-पिता ने उसे मनोचिकित्सक को दिखाया। मनोविश्लेषण करने पर ज्ञात हुआ कि किशोरावस्था में उसने अपने कमरे में खड़े होकर किसी युवक से मैथुन करवाया था। इससे कमरे का सुंदर फर्श गंदा हो गया था और उसे अपने प्रथम सैक्स अनुभव से सुख की अपेक्षा दुख

तथा ग्लानि का कहीं अधिक अनुभव हुआ था। इस कटु अनुभव को वह भुला देना चाहती थी और उसे पूरी तरह भूलने में वह सफल भी हो गयी थी। उसकी मैथुन करने की प्रेरणा और सुपर इगो में एक द्वंद्वात्मक संबंध बन गया था। इससे उसमें एक अपराध भावना भी पैदा हो गयी थी। यही मैथुन करने से उत्पन्न मानसिक गंदगी को साफ करने की क्रिया का स्थानापन्न बन गयी थी। इस बाध्य क्रिया को करने से उसे एक प्रकार की मानसिक शांति मिलती थी। कमरा साफ करने की क्रिया अपने तन-मन को साफ करने का प्रतीक थी। मनोचिकित्सक द्वारा जब शीला ने अपने मैथुनात्मक अनुभव और बाध्य क्रिया के संबंध को समझ लिया तो उसकी बाध्य क्रिया अपने आप बंद हो गयी। सैक्स संबंधी उचित जानकारी द्वारा मनश्चिकित्सक ने उसके मन से विवाह के प्रति उदासीनता को भी दूर कर दिया। इसके बाद रोगिणी ने विवाह किया और एक स्वस्थ तथा संतुलित जीवन व्यतीत किया।

परंतु उपर्युक्त उदाहरणों से पाठक इस भ्रम में कतई न पड़ें कि सभी बाध्य क्रियाओं, ऑब्सेशन और फोबिया के पीछे सैक्स संबंधी कारण ही होते हैं। आधुनिक मनोचिकित्सकों के अनुसार, ऐसा प्राय: कम ही होता है।

फोबिया, ऑब्सेशन और कम्पल्शन को क्या स्वयं दूर करना संभव है?

इस विषय पर मनोवैज्ञानिकों में मतभेद है। मनोवैज्ञानिकों का एक पक्ष इस तथ्य पर विश्वास करता है कि व्यक्ति स्वयं अपने प्रयासों से अपनी दुर्भीति (फोबिया), कम्पलशन और ऑब्सेशन (भीति बाधा) आदि से मुक्त नहीं हो सकता। अपने पक्ष में ये मनोवैज्ञानिक निम्नलिखित तर्क देते हैं:

- एक साधारण व्यक्ति अपना मनोविश्लेषण नहीं कर सकता, क्योंकि उसको मनोविज्ञान का पर्याप्त ज्ञान नहीं होता।
- यदि व्यक्ति मनोविज्ञान तथा मनोविश्लेषण प्रणालियों का ज्ञान प्राप्त कर ले तो भी उसके निष्कर्ष निष्पक्ष नहीं हो सकते, क्योंकि उसे अपनी मानसिक क्रियाओं के बारे में ही निर्णय लेना होगा। यह कुछ ऐसा ही होगा जैसे कोई बीमार स्वयं अपना इलाज करने लगे।
- आज का युग विशेषज्ञता का है और मनोविज्ञान बहुत सूक्ष्म विज्ञान है। इसे प्रत्येक व्यक्ति नहीं समझ सकता।
- जिस व्यक्ति का मनोमस्तिष्क स्वयं रोगी हो, वह अपने रोग का इलाज कैसे•कर सकता है।

इसके विपरीत मनोवैज्ञानिकों का एक दल इस तथ्य में विश्वास करता है कि मनोविज्ञान के नियमों की जानकारी प्राप्तकर व्यक्ति अपने मन और उसकी क्रियाओं को भली प्रकार समझ कर मनोरोगों से बच सकता है। इसके फलस्वरूप वह अपने व्यक्तित्व का स्वस्थ विकास कर सकता है। भय, चिंता, क्रोध, अवसाद, काम भावना आदि जैसे रागात्मक भावावेगों की मनोवैज्ञानिक जानकारी से व्यक्ति उन्हें संतुलित सीमा में रखकर उनसे होने वाली शारीरिक और मानसिक हानियों से बच सकता है। दुर्भीति या अत्यधिक भय, ऑब्सेशन और बाध्य क्रियाएं जैसे रोगों में यदि व्यक्ति चाहे और उसे आवश्यक मनोवैज्ञानिक जानकारी प्रदान की जाए तो निश्चित ही वह इन मानसिक रोगों से छुटकारा पा सकता है।

हां, इस विषय पर सभी मनोवैज्ञानिक एक मत हैं कि जटिल और पुराने मानसिक रोगों को रोगी स्वयं ठीक नहीं कर सकता। उदाहरण के लिए हिस्टीरिया, एपेलेप्सी, बहुव्यक्तित्व, स्काईजोफ्रेनिया आदि रोगों से ग्रस्त व्यक्ति से यह आशा करना बहुत बड़ी भूल होगी कि वह स्वयं मनोवैज्ञानिक जानकारी प्राप्तकर स्वस्थ हो जाएगा।

तो आइए, अब उन उपायों पर विचार करें जिनको, अपनाकर हम अपने साधारण भयों और दुर्भीति (फोबिया) से छुटकारा पाने में सफल हो सकते हैं। इन्हें संक्षेप में निम्नलिखित रीति से प्रकट किया जा सकता है :

आवश्यक मनोवैज्ञानिक जानकारी

आज का आधुनिक परमाणु युग रॉकेट-सी गति और चौतरफी प्रतियोगिता का युग है। इसके फलस्वरूप व्यक्ति में भांति-भांति के भय, मानसिक तनाव, चिंता एवं विकार उत्पन्न होना स्वाभाविक है। अत: प्रत्येक व्यक्ति के लिए इतनी मनोवैज्ञानिक जानकारी प्राप्त करना अत्यंत आवश्यक हो जाता है कि वह साधारण मानसिक समस्याओं तथा मनोविकारों का स्वयं समाधान कर सके।

पाठक अपनी मानसिक समस्याओं को भली प्रकार समझ सकें इस उद्देश्य से यहां मनोविज्ञान की अत्यंत संक्षिप्त झलक प्रस्तुत है :

प्रत्येक व्यक्ति का व्यवहार बाहरी *उत्तेजना और प्रतिक्रिया से उत्पन्न होता है, जैसे आप अपनी निन्दा सुनकर दूसरे को बुरा भला कहने लगते हैं और प्रशंसा सुनकर धन्यवाद देते हैं। अत: व्यक्ति के व्यवहार को समझने के लिए उसकी उत्तेजनाओं तथा प्रतिक्रियाओं को उसके परिवेश के प्रसंग में जानना पड़ता है। व्यक्ति का मानसिक संतुलन प्रतिक्षण बाहरी शक्तियों या परिस्थितियों द्वारा नष्ट होता रहता है और वह अपनी प्रतिक्रियाओं द्वारा बराबर नया संतुलन बनाने की कोशिश करता रहता है। संतुलन

(*परिवेश या बाहरी परिस्थितियां व्यक्ति को कुछ कार्य करने के लिए विवश करती या दबाव डालती हैं, इन्हें उत्तेजना कहा जाता है। इस उत्तेजना से व्यक्ति जो कुछ करता है उसे प्रतिक्रिया कहते हैं)

स्थापित करने में व्यक्ति के सभी अंग भाग लेते हैं। उनकी क्रिया एक संगठित इकाई होती है। यह संगठन और संतुलन मनस् या माइन्ड (mind) द्वारा होता है। अत: विभिन्न अंगों की क्रियाओं के संगठन को मानसिक क्रिया कहते हैं। मनोविज्ञान में इन्हीं मानसिक क्रियाओं का अध्ययन किया जाता है। सारी मानसिक क्रियाएं स्नायु-प्रबंध (nervous system) द्वारा होती हैं।

शारीरिक क्रियाओं से प्राय: हमारा तात्पर्य उन क्रियाओं से होता है, जिन्हें हम देख सकते हैं, जैसे—हंसना, दौड़ना, बोलना आदि, और मानसिक क्रियाएं उन्हें कहते हैं जिनमें शरीर का कोई अंग भाग नहीं लेता, याद रखना, कल्पना करना, चिंतन करना आदि क्रियाएं इसके अंतर्गत आती हैं। लेकिन मनोविज्ञान क्रियाओं के इस शारीरिक और मानसिक भेद को नहीं मानता। उसके दृष्टिकोण से क्योंकि मनुष्य एक मनोभौतिक (Psycho-physical) प्राणी है इसलिए शारीरिक और मानसिक क्रियाओं के आपसी संबंध के संदर्भ में ही उसके व्यवहार की संपूर्ण व्याख्या संभव है। अत: मानसिक क्रियाओं के अध्ययन में शारीरिक क्रियाओं को शामिल करना आवश्यक होता है।

मनोविज्ञान में मनुष्य के आदर्श या नैतिक व्यवहार का निरूपण नहीं किया जाता, वरन् जीवन के वास्तविक व्यवहार के लिए आवश्यक मानसिक संगठन और संतुलन तथा उसकी क्रियाओं का अध्ययन किया जाता है।

मनस् की एक विशेषता यह है कि जब व्यक्ति भय, क्रोध, प्रणय आदि किसी संचारी भाव का अंतर्निरीक्षण करना शुरू करता है, तो मन के अंदर उस भाव का संचार होना बंद हो जाता है। उदाहरण के लिए जब आपको क्रोध या भय अनुभव हो, तो यह निरीक्षण करना शुरू कीजिए कि आप इन भावों को कहां, किस अंग में और किस प्रकार अनुभव कर रहे हैं। यह निरीक्षण करते ही आपका भय तथा क्रोध क्षीण पड़ता जाएगा। परंतु ये संचारी भाव इतने तीव्र होते हैं कि व्यक्ति को उनका अंतर्निरीक्षण करने का अवसर उस समय तक नहीं मिल सकता, जब तक वह बहुत सजग रहते हुए इसका निरंतर अभ्यास न करे।

बाहरी परिवेश या परिस्थितियों से हमें जो उत्तेजना मिलती है, उससे हम प्रतिक्रिया स्वरूप जो भय या क्रोध आदि करते हैं वह, अर्थात हमारी सभी प्रतिक्रियाएं, तीन मुख्य बातों पर निर्भर करती हैं। प्रथम, हमारी स्थायी विशेषताएं, जैसे—आदतें, रुचियां, शिक्षा, संस्कार आदि, द्वितीय हमारी आंतरिक मानसिक अवस्था—क्रोध, दुख, भय, हर्ष आदि और तृतीय हमारी प्रतिक्रिया का लक्ष्य। इन तीनों तथ्यों में से कौन सबसे अधिक प्रभावी हो जाती है, यह उस अवसर विशेष पर निर्भर करता है।

मन और उसकी क्रियाओं के स्तर

मानसिक क्रियाओं के तीन स्तर माने जाते हैं। प्रथम चेतन (conscious), द्वितीय

उपचेतन (subconscious) और तृतीय अचेतन (unconscious)।

चेतन स्तर पर हमारे नित्यप्रति के जीवन संबंधी अनुभव होते हैं। हम जो कार्य विचारपूर्वक तर्कसंगत रीति से करते हैं, वह चेतन स्तर पर ही होता है। नया कार्य या भाषा आदि सीखते समय चेतन पूरी तरह सक्रिय रहता है। जैसे-जैसे वह उसमें अभ्यस्त होता जाता है वह कार्य उपचेतन स्तर पर चला ज़ाता है। उदाहरण के लिए कार चलाना सीखते समय हमारी सारी चेतना इस पर केंद्रित रहती है। उस समय हम दूसरों से बातचीत करने या किसी अन्य कार्य पर ध्यान देने की स्थिति में नहीं होते, परंतु कार चलाने में पूरी कुशलता पाने के बाद हम उसके साथ ही अन्य बातों पर भी ध्यान देने लगते हैं।

उपचेतन मन रागात्मक तथा भावना प्रधान होता है। जीवन संचालन में प्रेम, घृणा, भय आदि भावनाओं का बहुत महत्त्व होता है। जीवन की वास्तविकता का सामना करने के लिए चिंतन प्रधान चेतन मन को रागात्मक प्रधान उपचेतन मन की सहायता लेनी पड़ती है। उपचेतन अपना कार्य सादृश्य, उपमान और सहचार तथा निर्देशन द्वारा करता है।

चेतन मन जिन कार्यों या भावनाओं को नैतिक, धार्मिक अथवा अन्य दृष्टि से अनुचित समझता है वे उसके उपचेतन में चली जाती हैं। सम्मोहन की अवस्था में चेतन मन सो जाता है, पर उपचेतन मन जगा रहता है। उपचेतन मन तर्क नहीं कर सकता, उसे जो भी सुझाव दिये जाते हैं, उन्हें वह सच मान लेता है। सम्मोहन अवस्था में इसीलिए व्यक्ति के ऊपर सम्मोहन करने वाले व्यक्ति के आदेशों का अधिक प्रभाव पड़ता है। उपचेतन मन में वे पुरानी घटनाएं भी रहती हैं जिन्हें चेतन मन भूल चुका होता है। इसी कारण सम्मोहन अवस्था में व्यक्ति मानसिक रोग से संबंधित पुरानी घटना को भी बता देता है।

भीड़ या समूह में व्यक्तियों का चेतन मन उतना सजग नहीं रह पाता जितना कि उनका उपचेतन मन। इसीलिए भीड़ में जो बात व्यक्ति की कोमल भावनाओं या रागात्मक पक्ष को जगाती है, वही अधिक प्रभाव डालती है। यही कारण है कि भीड़ पर तर्कसंगत बात का कम प्रभाव पड़ता है। दूसरे, मनुष्य में अनुकरण करने की प्रवृत्ति होती है इसलिए भीड़ के अधिकांश लोग जैसा करते हैं, शेष भी वैसा ही करने लगते हैं।

जिन नैतिक या सैक्स समस्याओं का समाधान चेतन मन नहीं कर पाता उन्हें उपचेतन या अचेतन में डाल देता है और उनको चेतन स्तर पर आने से रोकता है। इसे अवरोध या दमन करना कहते हैं। चेतन मन के अवरोध को दूर करने के लिए उपचेतन या अचेतन मन उन दमित इच्छाओं या समस्याओं को प्रतीकात्मक रूप में चेतन मन को भेजते हैं। स्वप्नों को देखने के पीछे यही क्रिया कार्य करती है।

अचेतन मन में हमारे साथ बीते हुए व्यक्तिगत अनुभवों के अतिरिक्त हमारे पूर्वजों को हुए विशेष अनुभव भी (जातीय अनुभव) रहते हैं, जिनकी जानकारी मनोविश्लेषण करने वाली कुछ विशेष प्रणालियों, जैसे—स्वतंत्र सहचार (Free Association), सम्मोहन और स्वप्नों की व्याख्या द्वारा प्राप्त करते हैं। प्रसिद्ध मनोवैज्ञानिक सिंगमंड फ्रायड ने अपनी इन प्रणालियों द्वारा अनेक मनोरोगियों को स्वस्थ करके दिखाया था। उसके अनुसार, अचेतन स्तर पर होने वाली क्रियाएं हमारे अनजाने में ही हमारे अनेक रोगों, मानसिक विकारों तथा अस्वाभाविक व्यवहार का कारण बन जाती हैं। व्यक्ति के भय तथा दुर्भीति संबंधी घटनाएं भी अचेतन में दबी रहती हैं। यदि व्यक्ति चेतन मन में दबी वे घटनाएं और बातें जानकर उनको सहजता से स्वीकार कर ले, तो अपने भय और दुर्भीति रोग से छुटकारा पा सकता है। लेकिन इसके लिए पाठक को मनोविश्लेषण की प्रणाली को सीखना होगा, जिसके लिए पर्याप्त समय तथा साधन चाहिए।

भय और दुर्भीति के अचेतन और उपचेतन में दबे कारणों को जानने का एक अन्य उपाय भी है। दुर्भीति में मुख्य रूप से निम्नलिखित बातें पायी जाती हैं —

1. वह अपराध भावना जिसे हमारे चेतन मन ने अचेतन में दबा दिया होता है।

2. दुर्भीति ग्रस्त व्यक्ति जो क्रिया करता है (अर्थात् वह जिस चीज या परिस्थिति से डरकर भागता है) वह अचेतन में दबी अपराध भावना, घृणा या रागात्मक व्यवहार से संबंध रखती है।

3. ये हमारी शारीरिक और मानसिक आवश्यकताओं भूख, प्यास, सैक्स, सुरक्षा आदि से संबंधित होती हैं। प्राय: ये नैतिक, धार्मिक, सामाजिक आदर्शों अथवा परंपराओं के विरुद्ध होती हैं। अचेतन स्तर पर मनुष्य का मन एक पशु के तुल्य होता है। वह नैतिक अथवा सामाजिक आदर्शों की परवाह नहीं करता।

4. दुर्भीति के पीछे कोई कटु अनुभव छिपा होता है।

दुर्भीति अथवा भय में ये चारों तथ्य या इनमें से कोई एक से अधिक तथ्य पाये जाते हैं। आप इन तथ्यों की जानकारी पाकर अपनी दुर्भीति से मुक्त हो सकते हैं। उदाहरण के लिए एक व्यक्ति 'स' को बस से यात्रा करने पर इतना भय लगता है कि वह बस द्वारा कहीं नहीं जा सकता। जब कभी वह बस से कहीं जाने का प्रयत्न करता है तो बस पर चढ़ते ही उसे भय सताने लगता है। उसे विश्वास हो जाता है कि उसके जीवन का अंतिम दिन आ गया है और बस अवश्य दुर्घटनाग्रस्त होगी। भय के इस विचार से वह सीट पर बैठे-बैठे मूर्छित हो जाता है। इस भय के फलस्वरूप वह दिल्ली जैसे महानग़र में केवल कार से ही बाहर आ-जा सकता है।

यह व्यक्ति अपने फोबिया को दो रीतियों से ठीक कर सकता है। पहली विधि है स्वयं अपने प्रयत्नों द्वारा उपचेतन या अचेतन में दबी अपराध या भय की घटना को जानकर फोबिया से मुक्त होना और दूसरी विधि है, व्यवस्थित रूप से भय की ग्रहणशीलता दूर करने की विधि।

पहले हम मनोविश्लेषण से संबंधित प्रथम विधि पर विचार करेंगे। इसके अनुसार, 'स' नामक व्यक्ति को चाहिए कि वह सोने से पूर्व लगभग एक घंटा अपने फोबिया के कारण को खोजने में लगाये। इस एक घंटे वह एकांत में शांतिपूर्वक बैठकर निम्नलिखित प्रश्नों के उत्तर विस्तार से लिखता जाए। इन उत्तरों को लिखते समय यदि उसके मन में कोई कामुक, अनैतिक, अधार्मिक बात भी आती है, तो उसे लिखने में संकोच न करे।

ये प्रश्न निम्नलिखित हो सकते हैं:—

- क्या शिशु अथवा बाल्यावस्था में बस में यात्रा करते हुए मुझे कोई बहुत कड़वा अनुभव हुआ था?
- क्या मैं अपने माता-पिता और बड़ों की बिना इजाजत के बस में बैठा था?
- क्या उस बस की कोई दुर्घटना हो गई थी?
- क्या मेरे परिवार या निकट मित्रों में से कोई मेरे साथ बैठा हुआ बस यात्रा करते समय स्वर्ग सिधार गया था?
- क्या मैंने बस में यात्रा करते समय कोई कामुक या ऐसा अनैतिक कार्य किया था जिसके कारण मैं अपने को अपराधी समझता था?
- क्या मैं बस में चढ़ते-उतरते समय गिरने से घायल या मूर्छित हो गया था?
- क्या मेरे सामने बस में कोई ऐसा जघन्य कार्य हुआ था जिसे मुझे रोकना चाहिए था, पर रोक नहीं सका?
- मैं अपनी याद में बस में सबसे पहले कब बैठा? मेरे साथ कौन--कौन था और क्या हुआ था?

❑   क्या मेरे माता-पिता मुझे बस में यात्रा करने से रोकते थे? यदि हां तो क्यों?

❑   मैं बस में यात्रा करते समय पहले कब भयभीत होकर मूर्छित हुआ?

इन प्रश्नों के उत्तर लिखते समय कुछ बातें तो याद आएंगी और बहुत-सी नहीं आएंगी पर उसकी चिंता किये बिना जैसा, जो कुछ याद आये लिखते जाएं। इन्हें लिख कर आराम से सो जाएं। सुबह उठते ही अपने लिखे उत्तरों को पढ़ें, कोई नई बात याद आये या कोई सुधार करना हो, तो उसी समय कर दें। कभी-कभी ऐसे प्रश्नों के उत्तर स्वप्न में मिल जाते हैं, इसका ध्यान रखते हुए परमात्मा से यह प्रार्थना करके सोएं —'हे परमात्मा मुझसे जाने या अनजाने में जो भी अपराध हुआ हो, उसे क्षमा कर। तू दयामय है, मुझे मेरी दुर्भीति का कारण बताने और उससे मुक्त करने की कृपा कर।'

प्रार्थना करने के बाद अपनी दुर्भीति (Phobia) के बारे में बिलकुल विचार न करें, वरन् उन भक्तों या महापुरुषों के बारे में विचार करें, जिन्हें परमात्मा की कृपा और प्रेम प्राप्त हुआ।

इस प्रयोग को नियमित रूप से पहले एक सप्ताह निश्चित समय पर करें। यदि उचित उत्तर न मिले, तो तीन दिन छोड़कर फिर एक सप्ताह निरंतर करें। इसके बाद चार दिन छोड़कर पुनः एक सप्ताह उसी निश्चित समय पर करें।

यह प्रयोग अधिकांश सफल होता है। आपके दुर्भीति (Phobia) संबंधी प्रश्न का उत्तर आवश्यक नहीं कि निश्चित समय पर ही प्राप्त हो। दिन में कभी भी कोई कार्य करते समय वह उत्तर आपके मनोमस्तिष्क में आ सकता है। उत्तर आने पर उसे यथाशीघ्र कागज पर लिख डालिए। आप अपनी दुर्भीति से मुक्त हो जाएंगे।

दुर्भीति के अन्य प्रकारों जैसे छोटी या बंद जगह की दुर्भीति, रोगों की दुर्भीति, ऊंचाई की दुर्भीति आदि में भी उपर्युक्त रीति को अपनाकर सफलता पायी जा सकती है।

व्यवस्थित रूप से भय की ग्रहणशीलता दूर करने की विधि: इस विधि से संबंधित प्रयोगों का विवरण हम पहले के पृष्ठों में लिख चुके हैं। तब भी उस विधि को अपनाने के लिए निम्नलिखित उपाय अपनाइए:

जिस प्रकार की दुर्भीति हो (जैसे यहां बस यात्रा से है) इसी प्रकार के सुंदर चित्र और सुखद विवरण रोगी को दिखाये तथा पढ़ाये जाएं। स्थिर खड़ी सुंदर बस को (या उस वस्तु, जंतु या स्थान को) पास से दिखाइए। अच्छा हो कि रोगी के साथ कोई ऐसा व्यक्ति हो जिस पर वह पूरा विश्वास करता हो। उसके माता-पिता या विश्वसनीय मित्र इस कार्य के लिए सबसे अधिक उपयुक्त होंगे। प्रयोग के बाद रोगी को उसकी रुचि का भोजन या खाद्य पदार्थ अथवा मनोरंजन पुरस्कार रूप में दें। नियमित रूप से बस यात्रा करने वालों से रोगी की बात करवाइए। इसके बाद उसे रुकी हुई खाली बस में बैठाइए। साथ में स्वयं भी बैठिए। बैठने के समय को धीरे-धीरे पंद्रह-बीस मिनट तक बढ़ाइए।

फिर बस के थोड़ी दूर जाने के बाद रोगी को उतार लीजिए। धीरे-धीरे यह दूरी बढ़ाते जाइए। जब रोगी अपने साथी के साथ बस यात्रा करते हुए भयभीत होना बंद कर दे, तो उसे धीमे-धीमे अकेले यात्रा करने के लिए भेजिए।

शिथिलावस्था में दुर्भीति के दृश्य देखना: जिन कार्यों, बातों या वस्तुओं से आप भयभीत होते हैं उनके संबंध में आपको अपने मन में जो दृश्य देखने हैं उन्हें कागज पर लिख डालिए। पहले कम भय के दृश्य और क्रमश: अधिक-से-अधिक भय के दृश्य लिखिए। अब शवासन में चित्त लेट जाइए। सात बार लंबी और गहरी सांसें खींचिए, पूरे शरीर को तानिए। फिर सांस निकालने के साथ शरीर की मांसपेशियों को शिथिल करते जाइए। इसके बाद पहले दाहिनी टांग और फिर बायीं टांग के अंगूठे तथा अंगुलियों पर ध्यान देकर उनकी मांसपेशियों और नसों आदि को ढीला छोड़ते जाइए। कल्पना कीजिए कि आपके शरीर का स्नायुतंत्र शिथिल होता जा रहा है। पैरों के अंगूठे-अंगुलियों से धीरे-धीरे अपना ध्यान घुटनों, जंघाओं, नितंबों, कमर, पेट, वक्षस्थल, दोनों हाथों, गरदन और चेहरे पर लाइए। ध्यान के साथ इन अंगों को क्रमश: शिथिल छोड़ते जाइए। अपने जबड़े को ढीला छोड़िए, आंखों को बंद कर लीजिए। अब कल्पना करने के साथ अनुभव करने का प्रयत्न करिए कि आपका पूरा शरीर ढीला या शिथिल पड़ा है। इस समय नींद आ सकती है, पर उससे बचिए और अपने मन के पर्दे पर उस वस्तु या दृश्य को देखिए जिससे आप भयभीत रहते हैं। उसे देखते समय और उससे मनोवांछित व्यवहार करते समय अपने तन-मन में किसी प्रकार का तनाव या भय न आने दीजिए। अपनी कल्पना में पूरे साहस तथा आत्मविश्वास के साथ, लेकिन सहज भाव से भयोत्पादक व्यक्ति, वस्तु या परिस्थिति से निपटिए। अपने मन में सहज भाव रखने का ध्यान रखिए। उदाहरण के लिए मान लीजिए कि आप इंटरव्यू या साक्षात्कार देने से भयभीत होते हैं, तो इस भय पर आप नीचे दी गई विधि से विजय प्राप्त कर सकते हैं:

इंटरव्यू के भय पर विजय

पुस्तक के प्रारंभ में हमने अनूप का उदाहरण दिया था। वह योग्य होते हुए भी अपने भय के कारण इंटरव्यू में सफल नहीं हो पाता था। अनूप जैसे अनेक युवक अपने भय के कारण ही असफलता प्राप्त करते हैं।

ऐसे भयों का सामना करने से पूर्व पहली आवश्यकता उस अवसर या परीक्षा अथवा इंटरव्यू के योग्य ज्ञान प्राप्त करना है। बेहतर हो कि आप किसी ऐसे व्यक्ति से संपर्क करें जो उस प्रकार के इंटरव्यू में सफल हो चुका हो। उसके अनुभवों को सुनें-गुनें।

बाद में यह विचार करें कि यदि आप इंटरव्यू में असफल भी हो जाएंगे तो उससे आपके आगे आने वाले नये अच्छे अवसरों पर कोई बुरा प्रभाव नहीं पड़ेगा। दूसरे शब्दों

में, अपने मन को असफलता का सामना करने के लिए तैयार रखें। इंटरव्यू में न तो कोई आपका अपमान करने जा रहा है और न जान लेने। इंटरव्यू लेने वाले भी आपकी तरह हाड़-मांस और दिमाग वाले आदमी हैं, उनसे क्या घबराना या डरना।

इंटरव्यू में सफलता या असफलता प्राप्त करने के विचार को भूलकर अपने इस विश्वास को दृढ़ करिए कि आपसे जो भी पूछा जाएगा आप उसका उत्तर विनम्रता, पर दृढ़ता से देंगे। आपके उठने-बैठने, चलने, वार्तालाप करने तथा वेशभूषा से एक साहसी और आत्मविश्वासी व्यक्ति की छवि बनेगी, कायर की नहीं।

अब शिथिलावस्था या शवासन में लेटे हुए आप अपने को समय के अनुकूल वेशभूषा में देखिए। अपने इंटरव्यू की क्रम संख्या की प्रतीक्षा करते हुए आप साथ बैठे उम्मीदवारों से शांतिपूर्वक और आत्मविश्वास से वार्तालाप कर रहे हैं अथवा आराम से कोई समाचार-पत्र पढ़ रहे हैं। अपना नाम बुलाये जाने पर आप दृढ़ कदमों से आवश्यक प्रमाणपत्रों के साथ उस कमरे में प्रवेश करते हुए अंदर आने की इजाजत ले रहे हैं। अपनी कल्पना में इन दृश्यों और आगे आने वाले संभावित दृश्यों को पूरे विस्तार से देखिए। तन-मन में जरा भी तनाव मत आने दीजिए। याद रखिए, जीवन में सफलता का मूलमंत्र अथवा रहस्य है—सहजता तथा संतुलन। एक लोकप्रिय फिल्मी गीत की एक पंक्ति में बड़ी उपयोगी बात कही गई है—जीत का मंत्र है टेक इट इज़ी पॉलिसी। यह मंत्र भय पर विजय पाने के लिए रामबाण है।

अब इंटरव्यू बोर्ड के सदस्यों पर आत्मविश्वास और प्रसन्नतापूर्ण दृष्टि डालते हुए उनका अभिवादन करिए। अपनी कल्पना में अपने चेहरे पर प्रसन्नता और आत्मविश्वास भरे भाव को देखिए।

वास्तव में, ऐसे अवसर प्रसन्नता भरे ही होते हैं क्योंकि इंटरव्यू में हमें अनेक ऐसे शिक्षित, सफल तथा प्रतिष्ठित व्यक्तियों से मिलने का शुभ अवसर प्राप्त होता है, जिनसे हम आमतौर पर नहीं मिल सकते।

अब आराम से परंतु तहजीब के साथ निर्दिष्ट की गयी कुर्सी पर बैठिए। प्राय: प्रतिष्ठित तथा उच्च कंपनियों या सरकारी संस्थाओं के इंटरव्यू बोर्ड के लोग प्रारंभ में जानबूझकर ऐसे सरल और अनौपचारिक प्रश्न पूछते हैं जिनसे उम्मीदवार का मानसिक तनाव समाप्त हो सके और आवश्यक प्रश्नों के पूछे जाने का सिलसिला शुरू हो सके, उदाहरण के लिए आपका नाम या आपको अपने शहर से यहां आने में कोई कठिनाई तो नहीं हुई आदि। आप भी इस अवसर का लाभ उठाकर उत्तर देने के बाद उनका धन्यवाद दीजिए।

अब कल्पना में इंटरव्यू बोर्ड के सदस्यों को आत्मविश्वास से देखिए, उन्हें प्रश्न पूछते और अपने को उत्तर देते हुए देखिए। अंत में, उन्हें धन्यवाद देते हुए पुन: दृढ़

कदमों से कमरे से वापिस आइए। एक सप्ताह तक शिथिलावस्था में इस प्रकार के मानस चित्रों को देखने से आपके मन से इंटरव्यू का भय पूरी तरह निकल जाएगा।

इसी प्रकार किसी वाद-विवाद या भाषण अथवा अभिनय प्रतियोगिता में भाग लेने पर भय अनुभव करने पर आप ऊपर दी गई विधि को अपनाकर सफल हो सकते हैं। इसके लिए किसी वाद-विवाद अथवा भाषण क्लब या अभिनय प्रशिक्षण शिविर में भाग लेने से बहुत सहायता मिलती है। यदि ऐसा न हो सके तो अपने माता-पिता, घर के बड़े सदस्यों आदि से अनुरोध कर, उन्हें इंटरव्यू बोर्ड का सदस्य मानकर इंटरव्यू देने का अभ्यास किया जा सकता। उन्हें अपनी समस्या बतायें, वे अवश्य सहायता करेंगे। इसी प्रकार घर के सदस्यों अथवा मित्रमंडली को अपना श्रोता या दर्शक मानकर भाषण देने और अभिनय करने से आत्मविश्वास तथा साहस बढ़ता है। शीशे के सामने खड़े होकर या बैठकर भी इस प्रकार के अभ्यास करने से लाभ होता है। यदि साथ में टेपरिकार्डर या वीडियो फिल्म लेने की सुविधा हो, तो आप अपने अभ्यास को देख-सुनकर, स्वयं अपनी गलतियां पकड़कर उनमें सुधार कर सकते हैं।

परीक्षाओं का भय या दुर्भीति

कुछ बालक और किशोर परीक्षाओं के भय के कारण इतने अधिक चिंतित और तनावग्रस्त हो जाते हैं कि वे बीमार पड़ जाते हैं और फलस्वरूप परीक्षाओं में बैठने से बच जाते हैं। ऐसे मामलों में यह पता लगाना आवश्यक होता है कि बीमारी का कारण शारीरिक है अथवा केवल मानसिक भय तथा चिंता। यदि छात्र परीक्षाओं के आने पर हर बार बीमार पड़ जाता है तो निश्चय ही कारण विशेष रूप से मानसिक भय है और गौण रूप से शारीरिक। तथापि मनश्चिकित्सक से सलाह लेने में सदैव लाभ होता है क्योंकि मनुष्य शरीर और मन दोनों ही है।

परीक्षाओं के भय के कारण निम्नलिखित हो सकते हैं:—

(1) प्रारंभ से ही परीक्षाओं के लिए पढ़ाई-लिखाई नहीं करना। (2) पढ़ाई-लिखाई में बिलकुल रुचि न होना, पर मां-बाप के दबाव में आकर स्कूल में प्रवेश ले लेना। (3) परीक्षाओं में प्रथम श्रेणी अथवा आशा अनुकूल परिणाम लाने में असमर्थता अनुभव करना। (4) नौकरियों और उच्च शिक्षा के लिए बहुत अच्छे अंकों का प्रतिशत होना आवश्यक बन जाना। (5) शिक्षा क्षेत्र में फैला हुआ भ्रष्टाचार, मंहगी शिक्षा प्रणाली। (6) मां-बाप की अपने बच्चे से उसकी योग्यता तथा सामर्थ्य से अधिक आशा लगाना तथा बच्चे पर उस आशा को पूरी करने के लिए बराबर दबाव डालना।

यह भय उस समय दुर्भीति का रूप धारण कर लेता है जब छात्र अपने माता-पिता तथा अध्यापकों को धोखे में रखते हुए अपने पढ़ने के समय और धन को बेकार के

मनोरंजनों, पार्टियों, फिल्मों आदि में लम्बे अर्से तक नष्ट करता रहता है। ऐसे छात्रों को जब परीक्षाएं निकट आती दिखाई देती हैं तो वे परीक्षाओं की दुर्भीति से ग्रस्त होकर भिन्न भिन्न प्रकार की बीमारियों से पीड़ित हो जाते हैं।

परीक्षाओं के भय और दुर्भीति से बचने के उपाय—(1) छात्र की पढ़ाई-लिखाई में रुचि जगाइये और स्कूल खुलने के साथ ही उसे नियमित रूप से अध्ययन करने के लिए प्रेरित करिये। (2) उसे अच्छे छात्रों की संगत में रहने के लिए उत्साहित करिये। (3) माता-पिता और अध्यापकों द्वारा छात्रों की प्रति माह परीक्षा ली जाये। इस परीक्षा को उतना ही गंभीर और महत्वपूर्ण बनाया जाये जितनी वार्षिक परीक्षा। (4) छात्र-छात्राओं पर बहुत अच्छे अंक या प्रथम श्रेणी में आने के लिए अधिक दबाव डालने से बचना चाहिये। इस विषय में छात्र को यह समझाना चाहिये कि वह अपनी ओर से अच्छे से अच्छे अंक लाने का पूरा प्रयत्न करे पर अगर अंक कम आ जायें अथवा वह (फेल) अनुत्तीर्ण भी हो जाये तो उसमें घबड़ाने या निराश होने की बात नहीं है। मां-बाप तथा अध्यापक उसके अनुत्तीर्ण होने पर भी उसे पहले जैसा ही प्रेम देते रहे। उसकी असफलता के कारणों को समझ कर उन्हें दूर करने में उसकी सहायता करें। (5) यदि कोई छात्र आगे नहीं पढ़ना चाहता अथवा किसी विषय को पढ़ने में उसकी रुचि बिलकुल नहीं; ऐसी स्थिति में उसे अपनी बात प्रेम-पूर्वक समझाइये। इस पर भी यदि वह न माने तो अपना निर्णय उस पर मत थोपिये।

बालकों, किशोरों और नवयुवकों से इस विषय में बहुत समझदारी से बात करनी चाहिये क्योंकि वे प्रायः हृदय से भावुक होते हैं और उनका मस्तिष्क कोमल होता है। ऐसे छात्र जो कम अंक पाने या परीक्षा में अनुत्तीर्ण हो जाने पर आत्महत्या कर लेते हैं प्रायः वे होते हैं जिनके मां-बाप उनके प्रति बहुत महत्वाकांक्षी होते हैं। इसके फलस्वरूप ऐसे छात्र अपनी महत्वाकांक्षा के कारण असफलता का सदमा (जो भय का अंतिम रूप है) सहन नहीं कर पाते और आत्महत्या कर लेते हैं।

बच्चों को प्रारम्भ से ही यह समझाना बहुत आवश्यक है कि जीवन में सफलता या असफलता पाना इतना महत्वपूर्ण नहीं जितना अपने उद्देश्य की पूर्ति के लिए बराबर प्रयत्न करते रहना। किसी भी कार्य में असफल हो जाने पर हमें असफलता के कारणों को खोजना चाहिये और उन्हें दूर करने के उपायों को अपनाना चाहिये। यदि हम ऐसा स्वयं न कर पायें तो अपने से बड़ों, अनुभवी या विशेषज्ञ लोगों से सलाह लेने में संकोच नहीं करना चाहिये। इस संबंध में यह एक प्रेरणापूर्ण तथ्य है कि संसार के अधिकांश महापुरुषों और वैज्ञानिकों की महान सफलताओं का रहस्य उनकी असंख्यों असफलताओं में छिपा था। अपनी असफलताओं से शिक्षा लेकर ही वे अंत में महान सफलता पाने में सफल हुये थे। उदाहरण के लिए अब्राहम लिंकन (अमरीका के स्व॰ प्रसिद्ध राष्ट्रपति)

और विश्व-प्रसिद्ध वैज्ञानिक आइन्स्टीन को अपने जीवन के प्रारम्भ में अनेक बार असफलता का मुख देखना पड़ा था। छात्रों को यह तथ्य भी समझाना आवश्यक है कि संसार में ऐसे बहुत से व्यक्ति हुए हैं जिन्होंने कम शिक्षित होने पर भी महान व्यापारी, लेखक, उद्योगपति और कलाकार बनकर दिखा दिया।

वाहन चलाने के भय को दूर करने के उपाय

भयोत्पादक वस्तु, व्यक्ति या परिस्थिति के बारे में अपना ज्ञान बढ़ाइए, इससे आपको अपने भय की वास्तविकता या सचाई का ज्ञान हो जाएगा। यह ज्ञान आपके साहस और आत्मविश्वास में वृद्धि करेगा। उदाहरण के लिए मान लीजिए कि श्री 'ग' को सड़कों पर वाहन चलाने में डर लगता है, क्योंकि उनको यह आशंका रहती है कि वह दुर्घटनाग्रस्त हो जाएंगे। अब अगर श्री 'ग' को यह पता चले कि उनके नगर में सड़क-दुर्घटनाओं से प्रत्येक दिन एक व्यक्ति की मृत्यु का औसत पड़ता है और उनके नगर की आबादी 60 लाख है तो यह प्रतिशत कितना कम पड़ा। इसके अतिरिक्त सड़क दुर्घटनाओं की रोकथाम के लिए यातायात पुलिस नित नये कदम उठाती रहती है, जिनके फलस्वरूप दुर्घटनाओं की संख्या नियंत्रण में रहती है तथा उनमें कमी आती रहती है।

दुर्घटना से बचने के लिए हेलमेट अवश्य पहनिए। सुरक्षित मार्ग तथा ऐसे समय का चुनाव कीजिए जब सड़क पर आवा-जाही कम रहती हो। इसके बावजूद भी अगर किसी को अपना वाहन चलाने में भय लगे तो उसे चाहिए कि अपने साथ वह किसी मित्र, पड़ोसी या सुपरिचित व्यक्ति को ले जाएं। अपने वाहन की गति को निश्चित गति सीमा के अंदर ही रखें और ट्रेफिक नियमों का पालन करें। अस्वस्थ होने, अधिक चिंताग्रस्त या तनावग्रस्त होने की स्थिति में अथवा नशा करने के बाद वाहन न चलाएं।

इस विषय पर विशेष ध्यान दें कि आपका वाहन और उसकी मशीन आदि पूरी तरह सही हालत में है या नहीं। बेहतर है कि हर महीने किसी वाहन विशेषज्ञ से उसे चैक करवाते रहें। श्री 'ग' को अपने वाहन को चलाने की कुशलता में वृद्धि करने के लिए प्रशिक्षक की सहायता से भी लाभ मिल सकता है। यदि 'ग' को इन उपायों से लाभ न हो तो पीछे दिये गये मनोवैज्ञानिक उपायों को अपनाएं।

एक विशेष तथ्य हम सभी को स्मरण रखना चाहिए कि दुर्भीति (फोबिया) को दूर करने के अपने प्रयासों में असफल हो जाने पर मनश्चिकित्सक से सहायता लेने में सदैव लाभ होता है। इसमें जो व्यय होता है, वह उस व्यय और कष्ट से कहीं कम है जो हमें दुर्भीति के कारण भोगना पड़ता है।

OOO

12

भय और क्रोध

कभी-कभी व्यक्ति को भय और क्रोध दोनों ही भाव एक साथ आते हैं। उदाहरण के लिए यदि किसी को अकारण नौकरी से निकाल दिया जाता है, इस स्थिति में उसे एक ओर बेरोजगारी और गरीबी का भय सताएगा तथा दूसरी ओर अपने व्यवस्थापक पर क्रोध भी आएगा।

प्राय: ऐसे अवसरों पर भय तथा क्रोध आपस में इतने मिले होते हैं कि व्यक्ति स्वयं उन्हें नहीं समझ पाता। वह या तो भय को दबाकर क्रोध करता है अथवा क्रोध को दबाकर भय करता है।

जिस व्यक्ति को मालिक या प्रबंधक ने बिना किसी कारण के नौकरी से निकाल दिया है, वह अपना क्रोध पहले प्रकट करेगा या भय यह उसकी परिस्थितियों और मानसिकता पर निर्भर करता है। यह भी संभव है कि वह इतना अधिक डर जाए कि कुछ भी न कहे। अथवा इतना बिगड़ जाए कि गुस्से में गाली-गलौच और मारपीट करने पर उतर आये।

क्रोध और भय दोनों का दमन करने अर्थात् किसी पर प्रकट न करके मन में ही रखने से वे हमारे अचेतन मन में चले जाते हैं और तरह-तरह के मनोविकार या मनोरोग का रूप ले सकते हैं। क्रोध को दबा देने से वह अन्य किसी व्यक्ति पर बिना कारण के प्रकट होकर हमारे पारिवारिक या सामाजिक जीवन को नष्ट कर सकता है। उदाहरण के लिए एक व्यक्ति जो दफ्तर में अपने बॉस से बेवजह डांट-फटकार सुनता है, वह जहां तक संभव होगा बॉस से लड़ाई नहीं करेगा। ऐसा करने से उसे नौकरी से निकाला जा सकता है, यह विचारकर वह चुप रहेगा। अब इस व्यक्ति के मन में दबा भय और क्रोध जरा-सा मौका पाते ही भड़क उठेगा। वह अपने नीचे काम करने वाले कर्मचारी या बराबर स्तर के साथी की मामूली-सी गलती या हल्के से स्पष्ट उत्तर को सुन कर उस पर अपना दबा आक्रोश निकालेगा, उसे नौकरी से निकाले जाने का भय भी दिखलाएगा।

यदि उसे कार्यालय में यह अवसर नहीं मिला, तो घर पहुंचकर अपने बीबी-बच्चों की जरा-सी बात पर बेहद बिगड़ जाएगा। उसके क्रोध और भय दिखाने के कुपरिणास्वरूप जब बीबी-बच्चे दुख से रोने लगेंगे, तब उसे अपनी करनी पर पश्चाताप होने लगेगा। ऐसे अधिकांश लोगों को अपने व्यवहार का कारण स्वयं समझ में नहीं आता। इसका फल यह होता है कि उनका जीवन दुखमय बनता चला जाता है।

इसके विपरीत ऐसे भी उदाहरण देखने को मिलते हैं जहां बीबी-बच्चों या घर के बड़ों की जली-कटी बातें सुनकर लोग अपना भय तथा क्रोध अपने कार्यालयों में ले जाते हैं और अपने भावावेगों का शिकार अधीनस्थ कर्मचारियों को बनाकर उनकी कार्यकुशलता को घटाते और उनके तनाव को बढ़ाते हैं।

इस समस्या के उचित समाधान ये हैं:—

- अपना कोई ऐसा विश्वसनीय मित्र, कार्यालय का साथी बनाइए, जिसके सामने आप उन घटनाओं को बता सकें जिनके कारण आपके मन में भय और क्रोध के भावावेग उठें। अपनी पत्नी को भी आप इस प्रकार की बातें या घटनाएं बता सकते हैं। इन लोगों को आप पहले से ही यह बता दें कि आप अपने को मानसिक रूप से संतुलित करने के लिए इस प्रकार के भावावेग प्रकट किया करेंगे। वे आपको सहानुभूतिपूर्वक मार्गनिर्देशन देने का कष्ट उठाएं।
- यदि आपके भय और क्रोध के भाव को सुननेवाला कोई नहीं है तो अपने टेपरिकॉर्डर को चालू करके अपने में दबी सब बातें कह डालें, बाद में उसे शांतपूर्वक सुनें।
- उपर्युक्त सुविधाएं न जुट पाने की स्थिति में अपने भयों और क्रोध को एक कागज या डायरी में पूरे विस्तार से लिख डालिए।
- बिना भयभीत हुए अपने क्रोध को संयत और शांत रहते हुए प्रकट कर डालिए, उदाहरण के लिए ऐसी स्थिति में कहा जा सकता है—आप जैसे योग्य सज्जन/महिला को इस प्रकार के कार्य नहीं करने चाहिए। इनसे मेरी भावनाओं को बहुत चोट पहुंची है, दुख हुआ है। सच तो यह है कि मैं अपने को भयभीत और क्रोधित अनुभव कर रहा हूं। मैं पानी पीकर अभी आता हूं या फिर सुविधा के अनुसार कुछ भी कह कर आप उस स्थान और व्यक्ति के सामने से हट सकते हैं। वहां से अलग आकर अपने मन को शांत-संतुलित करने के बाद ही उस स्थान अथवा व्यक्ति के पास लौटिए।

  उपर्युक्त व्यवहारशैली अपनाने से संभव है कि आपको भयभीत तथा क्रोधित करने वाला पुरुष या स्त्री भी इस बीच के समय में अपने को संयत कर ले।
- अपने भय तथा क्रोध को प्रकट करने से व्यक्ति का मानसिक संतुलन बना रहता है। उसमें एक नये आत्मविश्वास तथा आत्मश्लाघा की भावना उत्पन्न होती है जोकि

जीवन में सफलता पाने के लिए बहुत आवश्यक है। लेकिन इसमें एक सबसे बड़ी चुनौती यह है कि आपको धमकाने, डराने या नाराज़ करने वाला व्यक्ति इस व्यवहार से भड़क सकता है। आपको उस स्थिति का सामना करने के लिए पहले से तैयार रहना होगा।

- भय तथा क्रोध की स्थिति में कुछ न करिए, बस अपने अंतर्मन में देखिए कि वे भाव कहां, किस अंग में उत्पन्न हो रहे हैं, आप कैसा अनुभव कर रहे हैं? इस विधि को अपनाने से पांच-दस मिनट में ही संतुलित अवस्था में आया जा सकता है।

OOO

सैक्स और भय 13

13

यह अत्यंत खेद का विषय है कि आज के वैज्ञानिक युग में अभी तक हमारे देश में सैक्स या काम को एक गोपनीय और अश्लील विषय समझा जाता है। जहां तक भारत की प्राचीन सभ्यता और संस्कृति का प्रश्न है उसमें 'काम' को एक महत्वपूर्ण तथा सम्माननीय स्थान प्राप्त था। उसकी शिक्षा सुलभ थी। खजुराहो और कोणार्क जैसे अनेक मंदिरों तथा वात्स्यायन के कामशास्त्र से भी यही सिद्ध होता है। गीता में श्रीकृष्ण ने कहा है—धर्म से अविरुद्ध काम मैं हूं—*धर्माविरुद्धो भूतेषु कामोस्मि भरतर्षभ।*

आज एक ओर एड्स जैसे भयानक और मृत्युदायक रोग का प्रसार हो रहा है तो दूसरी ओर गुप्त अंगों (अर्थात् संतान उत्पन्न करने वाले प्रजनन अंगों) के रोगों से ग्रस्त लोगों की संख्या भी बढ़ती जा रही है। ऐसी स्थिति में यह बहुत आवश्यक हो गया है कि स्कूल-कॉलेजों में काम संबंधी शिक्षा का प्रारंभ किया जाए। इस दिशा में सरकार भी विचार कर रही है।

यद्यपि एड्स हमारा विषय नहीं, फिर भी उससे बचने के उपायों का संक्षेप में वर्णन करना पाठकों के लिए उपयोगी होगा। इस रोग के भय से बचने के लिए निम्न उपाय अपनाइए:

- विवाह से पहले रक्त-परीक्षण करवाकर जांच करवा लें कि भावी पति-पत्नी में से किसी को यह रोग तो नहीं है।
- जहां तक संभव हो खून लेते या देते समय इंजेक्शन की सुई को परिशुद्ध करवा लें और खून की जांच भी करवायें।
- कंडोम का प्रयोग अवश्य करें और कम-से-कम लोगों के साथ सैक्स संबंध बनाएं।
- किसी भी प्रकार का इंजेक्शन लेते समय सुई को परिशुद्ध अवश्य करायें।

यह भी याद रखिए कि एड्स के रोगी के साथ रहने, उसके साथ भोजन पानी करने से यह रोग नहीं होता। रोगी के थूक या सांस से भी यह नहीं लगता। एड्स के रोग की

रोकथाम के लिए आवश्यक है कि सरकार सभी वेश्याओं का प्रतिमाह मेडिकल चेक-अप जरूर करवाए और ऐसी वेश्याओं को चिकित्सा-संबंधी निशुल्क सहायता दी जाए, जो इस रोग की चपेट में हैं।

अब हम उस भय के बारे में विचार करते हैं जो प्राय: युवक-युवतियों को हस्तमैथुन करने या स्वप्नदोष होने के कारण अनुभव होता है। आधुनिक मनश्चिकित्सकों के अनुसार हस्तमैथुन करने से कोई रोग नहीं होता और स्वप्नदोष एक प्राकृतिक आवश्यकता की संतुष्टि कर तन-मन को शांत करता है। इन बातों को लेकर किसी प्रकार की चिंता या भय नहीं करना चाहिए।

सैक्स से संबंधित दूसरा प्रचलित भय युवक-युवतियों में यह होता है कि उनमें अपने जीवन साथी को काम संतुष्टि प्रदान करने की पर्याप्त शक्ति नहीं। इस तथा अन्य प्रकार के 'काम' संबंधी भयों को दूर करने के लिए निम्नलिखित उपाय अपनाइए:

- अपने साथी या साथिन से अपनी काम समस्या के बारे में खुलकर विचार-विनिमय करिए। काम-क्रिया में एक-दूसरे की भावनाओं, इच्छाओं और आवश्यकता का ध्यान रखते हुए पूरा सहयोग दीजिए।
- परस्पर प्रेम़ और विश्वास को मजबूत बनाइए। काम-सुख का मूल पति-पत्नी का यही आपसी प्रेम और विश्वास है। यही उन्हें एक-दूसरे की गलतियों को क्षमा करने और एक-दूसरे की आवश्यकताओं के अनुसार ढलने की प्रेरणा एवं शक्ति देता है। जिन दम्पतियों का आपसी प्यार और विश्वास दृढ़ होता है, उन्हें सैक्स समस्याओं का भय नहीं सताता।
- किसी प्रकार की काम समस्या अथवा भय होने पर नीम-हकीमों के चक्कर में पड़ने के बजाय सुयोग्य और प्रतिष्ठित डॉक्टर अथवा मनश्चिकित्सक से सलाह लीजिए।
- काम-संबंधों के विषय पर किसी अच्छे प्रतिष्ठित डॉक्टर या लेखक की पुस्तक पढ़िए।

OOO

भय, साहस और दवाइयां

14

डॉ. राजेंद्र घोड़पकर ने इस विषय पर एक रोचक सत्य कथा सुनायी, "एम. बी. बी. एस. फाइनल की परीक्षाएं चल रहीं थीं। मेरे कुछ साथी परीक्षाओं की तैयारी करने के लिए एक दवाई लेते थे। उस दवा से नींद नहीं आती और मस्तिष्क की एकाग्रता और आत्मविश्वास बढ़ जाता है। एक साथी ने दवा की मात्रा जरा ज्यादा ले ली। खूब पढ़ा और परीक्षा में तीन कापियां भर आया। रिजल्ट निकलने पर पता चला कि उसने तीनों कापियों को केवल एक ही वाक्य बार-बार लिखकर भर दिया था।"

इस विषय पर आगे अपने अनुभव बताते हुए उन्होंने कहा कि इसमें कोई संदेह नहीं कि आज ऐसी दवाइयों का आविष्कार कर लिया गया है जिनसे कुछ घंटों के लिए मानसिक तनाव, चिंता, क्रोध और कुछ मात्रा में भय से भी बचा जा सकता है, लेकिन इन दवाइयों के परोक्ष और अपरोक्ष प्रभाव अच्छे नहीं होते। कुछ दवाइयों से नींद आ जाती है और कुछ से चार पांच घंटे के लिए मस्तिष्क की कार्य कुशलता बढ़ने के बाद फिर से वहीं-की-वहीं पहुंच जाती है, जहां पहले थी। व्यक्ति इनका आदी बन सकता है। ये दवाइयां डॉक्टरों की देखरेख में ही ली जानी चाहिए, वरना इनका मनोमस्तिष्क पर खराब असर भी पड़ जाता है। डॉक्टर रोगी की आवश्यकतानुसार दवाइयां देते हैं और फिर धीरे-धीरे कम करते जाते हैं।

आजकल अमरीका में एक दवा बड़ी लोकप्रिय हो रही है, जो व्यक्ति के मनोमस्तिष्क में नया आत्मविश्वास और एकाग्रता का विकास कर देती है पर अभी उसके दूरगामी प्रभावों के बारे में कुछ नहीं कहा जा सकता। सच तो यह है कि व्यक्ति को अपने मनोभावों को नियंत्रित करने के लिए अपने विचारों को नियंत्रित करने का अभ्यास करना आवश्यक है। भय, क्रोध व चिंता ये सब विज्ञान से संबंधित हैं इसलिए इनका सही समाधान मनश्चिकित्सक द्वारा ही किया जाना चाहिए। हां, इसमें भारतीय योग और ध्यान की पद्धति भी विशेष रूप से सहायक पायी गयी है।

OOO

योग द्वारा भयों को दूर कर साहस का विकास

15

जब तक व्यक्ति को आत्मज्ञान नहीं होता, वह भय से मुक्त नहीं हो सकता है। स्वामी मुक्तानंद जी के अनुसार यह सिद्धांत पूरी तरह से व्यावहारिक है। उनके शब्दों में आत्मज्ञान का अर्थ यह है, ''मैं यह मन अथवा शरीर नहीं वरन् यह होते हुए भी इनका स्वामी हूं अर्थात् आत्मा हूं।'' आत्मा जो परमात्मा का अंश है, जो न कभी जन्म लेती है और न मरती है। अपने उस आत्मरूप को जानने और अनुभव करने के बाद ही मनुष्य अपने भयों से मुक्त होता है। सभी योग चाहे वह राजयोग हो या हठयोग इसी लक्ष्य की प्राप्ति के विभिन्न मार्ग हैं।

वास्तव में, हमारे समस्त भयों और चिंताओं का मूल कारण सांसारिक विषयों में आसक्ति है। यह अज्ञान तथा मोह के फलस्वरूप उत्पन्न होती है। योग द्वारा चित्त की वृत्तियों का निरोधकर उसे परमात्मा में लीन करने का अभ्यास करना आवश्यक होता है। योग साधना में जहां एक ओर अपने-आपको परमशक्ति परमात्मा के प्रति पूर्णरूप से समर्पित किया जाता है, वहीं दूसरी ओर अपने कर्मों को अनासक्त भाव (बिना फल की इच्छा किये) से पूरी कुशलता से करना होता है। इस साधना के परिणामस्वरूप साधक के समस्त भयों का नाश हो जाता है।

एक योगी अपने कर्मों को परमात्मा का कार्य समझकर अपनी पूरी एकाग्रता और कुशलता से करता है। लेकिन उसे सफलता या असफलता की अथवा सुख या दुख की चिंता नहीं रहती। वह न जीत की फिक्र करता है और न हारने का विचार कर दुखी होता है। उसके कर्म का जो भी फल होता है, उसे वह परमात्मा की इच्छा मानकर स्वीकार कर लेता है। अत: उसे किसी भी प्रकार की चिंता या भय नहीं सताता।

भारतीय योग दर्शन एक अत्यंत वृहद् तथा सूक्ष्म विषय है। यहां हम पाठकों के लाभ हेतु उसको अपने विषय के दृष्टिकोण से संक्षेप में प्रस्तुत कर रहे हैं।

योग दर्शन के अनुसार, जीवात्मा का मनुष्य योनि में आने का उद्देश्य ही सांसारिक सुख-दुख का अनुभव करते हुए उनके पीछे छिपे परमात्मा के परमानंद का अनुभव

106

करना होता है। इस आनंद में लीन होने के पश्चात् जीवात्मा समस्त माया-मोहों और जन्म-मरण के बंधनों से मुक्त हो जाती है। इस साधना में 'सादा जीवन और उच्च विचार' के सिद्धांत का पालन करना होता है। योग के अनुसार, व्यक्ति की आवश्यकताएं जितनी कम होंगी, उतना ही वह चिंताओं, भयों और मोहों से मुक्त होगा। इसके विपरीत व्यक्ति जितनी आवश्यकताएं बढ़ाता जाएगा, उसकी चिंताएं, भय, परतंत्रता तथा मोह उतने ही बढ़ते जाएंगे।

योगासनों के ग्रंथों के कुछ ऐसे आसनों तथा प्राणायाम की विधियों का वर्णन मिलता है, जिनका अभ्यास करने से व्यक्ति अपने भयों पर विजय पाकर साहसी और बुद्धिमान बन सकता है। योगासनों में वज्रासन, सिंहासन और वीरासन के अभ्यास से साहस, मानसिक-संतुलन तथा सद्बुद्धि का विकास संभव है।

वज्रासनः मुसलमान भाई नमाज पढ़ने के लिए जिस प्रकार अपने घुटने मोड़कर पैरों के तलुओं पर नितंब रखकर बैठते हैं, उसी प्रकार बैठिए। रीढ़ की हड्डी को सीधा रखिए। अपनी दृष्टि को भ्रूमध्य या नासाग्र पर लगाइए।

सिंहासनः पहले पेट के बल लेट जाइए। इसके बाद घुटनों और हथेलियों के बल ऊपर उठिए। मुंह खोलिए और जिह्वा को अधिक-से-अधिक बाहर निकालिए। आंखों को फैलाइए, भौहों को तानिये। गले से 'हा' की आवाज निकालिए। गरदन को चारों ओर घुमाइए।

वीरासनः फर्श पर सीधे खड़े हो जाइए। अब दाहिने पैर को अपने दो कदमों के बराबर की दूरी तक आगे बढ़ाइए। दाहिने पैर के घुटने को मोड़िए। अपने दोनों हाथों को दोनों ओर फैलाते हुए मुट्ठियां बांधिए। गहरी सांस खींचते हुए दोनों हाथों की मुट्ठियों को कंधे की ओर बलपूर्वक मोड़िए। जितनी देर आराम से सांस रोक सकते हैं, रोके रहिए फिर धीरे-धीरे सांस छोड़ते हुए हाथों को पहले वाली स्थिति में ले आइए। अब हाथों को नीचे कर लीजिए (अर्थात् प्रारंभ की स्थिति में) दाहिने पैर को पीछे ले आइए। अब इसी विधि को बायां पैर आगे बढ़ाते हुए करिए।

विशेषः वीरासन और वज्रासन में सांस लेते हुए पूरी एकाग्रता और विश्वास के साथ यह विचार करिए कि आपमें साहस और मानसिक संतुलन की वृद्धि हो रही है। इसी प्रकार सांस निकालते हुए यह विचारिए के बाहर जाती हुई सांस के साथ आपके सारे संशय, चिंताएं और भय बाहर जा रहे हैं। इन योगासनों का अभ्यास योगासनों में प्रशिक्षित किसी योग्य व्यक्ति की देखरेख में करने से शीघ्र लाभ हो सकता है।

OOO

आत्महत्या और भय 16

हमारे देश में बढ़ते हुए औद्योगिक विकास के साथ अधिक से अधिक धनवान बनने की होड़ दिन-प्रतिदिन बढ़ती जा रही है। इसके परिणामस्वरूप लोगों में मानसिक तनाव-दबाव भी बढ़ रहा है, जिसके कारण आत्महत्याओं की संख्या में बढ़ोत्तरी हो रही है। अधिकतर मध्यम आय वर्ग के लोग आत्महत्या करते हैं। पुरुषों की तुलना में स्त्रियां अधिक आत्महत्या करती हैं। आत्महत्या करने का मूल कारण किसी न किसी प्रकार का भय होता है। ये भय निम्नलिखित स्थितियों से संबंधित हो सकता है:

1. आर्थिक तंगहाली, 2. बीमारी का अत्यधिक कष्ट, 3. समाज या परिवार द्वारा कटु आलोचना होने का भय, 4. परीक्षाओं में मिलने वाली असफलता का दुख, 5. प्रेम में असफलता या तनावपूर्ण वैवाहिक जीवन, 6. निराशा उत्पन्न करने वाले अन्य कारण

1. आर्थिक तंगहाली

आज हर व्यक्ति की आवश्यकताएं बढ़ रही हैं क्योंकि पश्चिमी सभ्यता-संस्कृति के प्रभावस्वरूप लोगों की आम धारणा यह बन गई है कि सच्चा सुख अधिक से अधिक धन कमाने में है। लेकिन जब व्यक्ति पर्याप्त धन नहीं कमा पाता या बेरोजगार होता है तो उसे घोर निराशा का सामना करना पड़ता है। बढ़ती हुई जनसंख्या ने इस आर्थिक प्रतियोगिता को गला काट स्तर तक पहुंचा दिया है। छोटे-छोटे बच्चों की शिक्षा, चिकित्सा, खान-पान आदि पर बेहद खर्च बढ़ता जा रहा है। बीबी-बच्चे टी.वी. विज्ञापन में और पास-पड़ोस के लोगों को नित नई चीज का उपयोग करते देखते हैं। अत: वे अपनी मांगें घर के मुखिया के सामने रखते हैं और जब घर का मुखिया इन जरूरतों को पूरा करने से मना करता है तो एक तनाव पैदा होता है। ऐसे में पति-पत्नी और बच्चों के आपसी संबंध बिगड़ने शुरू हो जाते हैं। घरेलू तनाव आदमी को शराब, अफीम, हीरोइन, स्मैक जैसे खतरनाक नशों का उपयोग करने के लिए प्रेरित कर

सकता है। ये सभी बातें, अंत, में स्त्री-पुरुषों, बच्चों आदि की भावनाओं को घातक चोट पहुंचाती हैं और उन्हें जीवन की भयानक सच्चाइयों से बचने के लिए आत्महत्या करने को उकसाती हैं।

इस संदर्भ में अधोलिखित उपायों को अपनाने से लाभ हो सकता है :

- **संतुलन लाएं:** बच्चों को शुरू से यह शिक्षा दीजिए कि वास्तविक सुख पाने के लिए भौतिक सुख-साधनों और आत्मसंयम दोनों में एक संतुलन होना आवश्यक है। धन एक महत्वपूर्ण साधन है पर वही सब कुछ नहीं । धन से आप बुद्धि, स्वास्थ्य सुख आदि नहीं खरीद सकते। सुखं-दुख, गरीबी-अमीरी सब सापेक्ष हैं। एक आदमी गरीब होते हुए भी सुखी हो सकता है पर जरूरी नहीं कि धनवान आदमी सुखी हो।
- **जरूरतें कम करें:** जीवन का सच्चा आनंद और स्वतंत्रता उसी को प्राप्त होती है जिसकी आवश्यकताएं कम से कम होती हैं। हमारी आवश्यकताएं जितनी बढ़ती जाती हैं, उतने ही हम दूसरों पर निर्भर होते जाते हैं और जितना हम दूसरों पर निर्भर होते हैं, उतना ही अधिक भयभीत होने की संभावनाएं बढ़ती जाती हैं। यही कारण है कि महात्मा गांधी, स्वा॰ विवेकानंद, स्वा॰ दयानंद और लालबहादुर शास्त्री जैसे युगपुरुषों ने मनुष्य को 'सादा जीवन और उच्च विचार' के सिद्धांत पर चलने का उपदेश दिया था।

2. बीमारी का अत्यधिक कष्ट

अनेक व्यक्ति अपनी बीमारी के कष्टों से बचने के लिये आत्महत्या कर लेते हैं। ऐसे लोगों को अपने रोग से इतना भीषण कष्ट और यातना मिलती है कि वे उसे सहन नहीं कर पाते। विभिन्न प्रकार के कैंसर, अल्सर तथा अन्य घातक रोगों से बीमार को अत्यधिक कष्ट होता है। कभी-कभी तो दर्द निवारक दवायें भी आराम नहीं पहुंचा पाती।

इस विषय में विचारकों के दो मत हैं। कुछ विचारकों का मत है कि ऐसे व्यक्ति को जीवन का अंत करने का अधिकार है, अर्थात् उसे आत्महत्या करने का अधिकार है, जिसकी पीड़ा इतनी अधिक असहनीय और बढ़ चुकी हो कि उसको किसी औषधि द्वारा काबू में नहीं लाया जा सकता हो। इसी प्रकार उन लोगों को भी अपने जीवन का अंत करने का अधिकार है (या डॉक्टरों को उनके जीवन को समाप्त करने का अधिकार है) जो केवल नाम मात्र के लिए जीवित हैं और सप्ताहों से ऑक्सीजन आदि के सहारे चल रहे हैं। जिनके मस्तिष्क को छोड़ कर शेष सभी अंगों ने पूरी तरह काम करना बंद कर दिया हो अर्थात् मस्तिष्क भी लंबी सम्मूर्च्छ (coma) में चला गया हो।

दूसरे विचारकों का कथन है कि हमें अपना या अन्य किसी का जीवन लेने का अधिकार नहीं है। यह अधिकार केवल प्रकृति और परमात्मा को प्राप्त है। यदि एक बार हम दया के आधार पर जीवन का अंत करने (mercy killing) का अधिकार मान लेंगे तो इस तर्क का कहीं अंत नहीं होगा। ऐसी बहुत सी घटनाएं हुई हैं जिनमें रोगी सम्मूर्च्छा के बाद फिर से पूरी तरह जीवित हो उठा है। अतः हमें जीवन को जीने-जिलाने का प्रयत्न करना चाहिए और इस दिशा में नई वैज्ञानिक खोजें होनी चाहिए।

वास्तव में साहस तो जीवन जीने में और दूसरों को जीवित रहने के लिए सहायता देने में है। हमें कष्टों या यातनाओं की बिना चिंता किये अपने जीवन को जीने और आगे बढ़ाने के प्रयत्न करने चाहिए।

3. समाज या परिवार की कटु आलोचना का भय

कभी-कभी कोई व्यक्ति गलती या भूल से ऐसा कार्य कर देता है कि वह अपने परिवार और समाज की नज़र में नीचे गिर जाता है। इस अपमान से बचने के लिए बहुत से लोग आत्महत्या कर लेते हैं। इस प्रकार की आत्महत्या किसी प्रकार से उचित नहीं। इससे परिवार तथा समाज पर भी खराब प्रभाव पड़ता है। समझदारी इसमें है कि गलती करने पर व्यक्ति उसे साहस से स्वीकार करे, उससे शिक्षा ले और अपने जीवन में सुधार करे। गलती के जो भी कानूनी तथा सामाजिक दुष्प्रभाव होते हैं उनको साहस से स्वीकार करे।

ऐसा करने पर गलती या भूल करने वाला व्यक्ति न केवल अपने जीवन में उन्नति करता है वरन् दूसरों को भी आत्मसुधार करने की प्रेरणा देता है। संसार के सभी महापुरुष अपनी गलतियों और भूलों में सुधार करके ही महान बन सके। यदि वे भी अपनी गलतियों या भूलों के सामने हार मान जाते अथवा परिवार या समाज की कटु आलोचना से भयभीत होते तो कभी महान नहीं बन पाते। गणेश शंकर विद्यार्थी, ईश्वरचंद्र विद्यासागर, राजा राममोहन राय आदि समाज सुधारकों तथा देशभक्तों ने समाज की कटु आलोचना की चिंता की होती तो वे कभी समाजसुधार का कार्य नहीं कर पाते। सन् 1997 के सितंबर माह में स्वर्गवासी हुई विश्वप्रसिद्ध समाज सेविका और दीन-दुखियों की मसीहा 'मदर टेरेसा' ने अपने जीवन में लोगों की कटु से कटु आलोचना का सामना किया लेकिन बुड्ढे, दीनहीन, अपंग और मौत के मुंह में पड़े लोगों की सेवा करने के कार्य को नहीं छोड़ा। प्रायः ऐसा भी होता है कि परिवार या समाज जिस कार्य को निंदनीय समझता है, मानवता की दृष्टि से वही प्रशंसनीय होता है। अतः दूसरों की आलोचना की चिंता मत करिये, अपनी अंतरात्मा की आवाज सुनिये।

4. परीक्षाओं में असफलता का दुख

परीक्षाओं अथवा प्रतियोगिताओं में ऐसे छात्र या उम्मीदवार भी असफल हो जाते हैं या उनको कम अंक मिलते हैं जिन्होंने अपनी सामर्थ्य और बुद्धि के अनुसार अधिक से अधिक परिश्रम किया होता है। इससे उनका आत्मविश्वास टूट जाता है और उन्हें चारों और अंधकार या निराशा के सिवाय कुछ नहीं सूझता। आज जब उच्चकक्षाओं में प्रवेश लेने के लिए अंकों का प्रतिशत दिन-प्रतिदिन बढ़ता जा रहा है और दूसरी ओर वोट बटोरने की राजनीति नये-नये आरक्षण संबंधी कानून बना रही है, युवकों में निराशा का भाव आना अस्वाभाविक नहीं। लेकिन इससे इतना निराश न हों कि जीवन का अंत करने का विचार करने लगें। इसके स्थान पर निम्नलिखित उपायों को अपनाइये:

❑ अगर संभव हो तो अपनी परीक्षा की उत्तर पुस्तिका की दोबारा जांच करवाइये।

❑ कम अंकों के आने का कारण खोजिये और उसमें सुधार करिये।

❑ उन महापुरुषों की जीवनियां पढ़िये जिन्होंने कम पढ़े-लिखे होने पर भी जीवन में सफलता और यश प्राप्त करके दिखा दिया। महान अकबर, मुगल सम्राट अधिक पढ़ा-लिखा नहीं था, अमरीका का विश्व प्रसिद्ध वैज्ञानिक एडिसन केवल प्राइमरी तक स्कूल में पढ़ा, संसार के जाने-माने धन कुबेर हेनरी फोर्ड, भारत के घनश्याम दास बिड़ला आदि ने उच्च डिग्रियां नहीं प्राप्त कीं। उनकी तरह आप भी बिना उच्च शिक्षा पाये जीवन में सफल-संपन्न क्यों नहीं बन सकते।

❑ याद रखिये कि एक बार असफल हो जाने पर आप उससे शिक्षा लेकर दूसरी बार की परीक्षा में कहीं अच्छे अंकों से सफल हो सकते हैं।

5. प्रेम में असफलता या तनावपूर्ण वैवाहिक जीवन

अधिकांश लोग जो इस कारण से प्रेरित होकर आत्महत्या करने का विचार करते हैं उन्हें निम्नलिखित वास्तविक तथ्यों पर ध्यान देना चाहिए:-

❑ जीवन सबसे महत्त्वपूर्ण है। संसार का प्रत्येक संबंध और व्यक्ति या वस्तु आपके जीवन के लिए है। यहां तक कि जब हम देशरक्षा या मानवता की सेवा के लिए अपने जीवन का बलिदान करते होते हैं, हमारे बलिदान का लक्ष्य असंख्यों लोगों के जीवन को बचाना होता है।

❑ प्रेम या प्रणय का अर्थ केवल शादी करना या शारीरिक संबंध बनाना ही नहीं होता। प्रेम का वास्तविक अर्थ एक-दूसरे के जीवन को अधिक सुखी, स्वस्थ, सफल और ज्ञानपूर्ण बनाना होता है। संभव है कि अपने प्रेमी/प्रेमिका से शादी करने के बाद आपके संबंध उतने मधुर न रहें या उनमें खटास आ जाये। प्राय: यह देखा

गया है कि केवल भावावेश में आकर किये गये प्रेम विवाह बेहद असफल हुए हैं क्योंकि प्रेम के आवेश में व्यक्ति यह भूल जाता है कि हर इंसान में अच्छाइयां और बुराइयां दोनों होती हैं।

विवाह का अर्थ आपसी अच्छाइयों के साथ-साथ बुराइयों को भी निबाहना होता है। विवाह केवल दो प्राणियों का ही नहीं वरन् दो परिवारों का मिलन होता है, जिसमें पति-पत्नी को एक-दूसरे के पारिवारिक सदस्यों को यथायोग्य सम्मान देना होता है और उनकी सेवा करनी होती है। विवाह के बाद अधिकांश झगड़े पारिवारिक सदस्यों की उपेक्षा या अपमान करने से उत्पन्न होते हैं।

❏ जीवन में स्त्री और पुरुष के मध्य केवल एक बार प्रेम नहीं होता वरन् प्रत्येक के जीवन में कई स्त्री/पुरुष आते हैं। यदि एक प्रेम असफल हो जाये तो जरूरी नहीं कि दूसरा भी असफल हो।

❏ 'विवाह' मनुष्य समाज द्वारा बनायी गयी एक सामाजिक संस्था है। अन्य सामाजिक संबंधों की भांति यह भी एक महत्वपूर्ण सामाजिक संबंध है। लेकिन अगर पति-पत्नी एक दूसरे से प्रेम करने के बजाय सदैव लड़ते-झगड़ते रहते हैं और कई बार के समझौतों और सलाहों का कोई अच्छा नतीजा नहीं निकला है फिर बेहतर यही है कि दोनों तलाक लेकर दोबारा अपनी मनमर्जी के संगी/संगिनी से विवाह कर लें। इसमें दुख मनाने या करने की कोई बात नहीं।

पति-पत्नी का एक-दूसरे की जान का ग्राहक बनने से कहीं अच्छा यह है कि सद्भाव के साथ संबंध-विच्छेद कर लिया जाएं।

❏ आपके मरने से आपकी या परिवार की समस्याएं सुलझ जाएं, यह जरूरी नहीं। संभव है, आपकी आत्महत्या का प्रयास असफल रहे और आप दूसरों की हंसी के पात्र बनें। यह भी हो सकता है कि आपकी आत्महत्या को हत्या साबित कर किसी बेगुनाह या आपके प्रिय व्यक्ति को फंसा दिया जाये। आपके द्वारा लिखा आत्महत्या-पत्र फाड़कर फेंका या जलाया भी जा सकता है।

❏ परामनोविज्ञान की खोजों से प्राचीन आध्यात्मिक पुरुषों द्वारा बताया गया यह ज्ञान लगभग सिद्ध हो चुका है कि शरीर की मृत्यु के बाद भी आत्मा शेष रहती है और आत्महत्या करने वाली आत्मा को असह्य यंत्रणाओं से गुजरना पड़ता है। दिव्य आत्माएं भी उससे नाराज होती हैं।

मान लीजिए कि उपर्युक्त विचार सही है तब तो आत्महत्या करके मरने के बाद भी दुख तथा यंत्रणाओं को भुगतना है। अत: क्यों न इसी जीवन में संसार के कठोर एवं कटु सत्यों का सामना किया जाये। सुप्रसिद्ध गांधीवादी नेता विनोबा भावे कहा करते थे कि

आत्महत्या करना वैसा ही है जैसे जेल तोड़कर भागना। जैसे भागे हुए कैदी की सज़ा दोगुनी हो जाती है, वैसे ही आत्महत्या करने वाली आत्मा की भी।

घोर निराशा उत्पन्न करने वाले अन्य कारण

इनके अंतर्गत प्रिय व्यक्ति की मृत्यु, झूठा दोषारोपण/अभियोग, वृद्धावस्था की मजबूरियां, भारी उधार का बोझ आदि अनेक ऐसे कारणों को गिनाया जा सकता है जिनसे व्यक्ति निराशा का शिकार बन जाता है और उसका आत्मविश्वास टूट जाता है। ऐसी स्थितियों में निम्नलिखित उपायों को अपनाइए:–

❑ अपने व्यर्थ के अहंकार अथवा घमंड को छोड़िये। इससे आप दूसरों के सामने अपने को नीचा अनुभव करने से बच जाएंगे। जब महान अशोक, और सिकंदर जैसे वीर इस दुनिया में नहीं रहे तब हम आप किस खेत की गाजर-मूली हैं। क्या आपको पता है कि सिकंदर जिसके नाम से दुनियां के बड़े-बड़े वीर कांपते थे केवल एक साधारण मच्छर के, वह भी मादा मच्छर के, काटने से मर गया। इस तथ्य से प्रकट होता है कि वह मलेरिया से ग्रस्त होने के कारण मरा था। कहने का आशय यह है कि हमें बेकार का घमंड करके अपनी परेशानियों को बढ़ाने की मूर्खता नहीं करनी चाहिए।

❑ अपने खर्चों को सीमित रखिये। बेकार की तड़क-भड़क और दिखावे से बचिये। जितना संभव हो नियमित रूप से कुछ बचत करते रहिये। इससे आप अपनी वृद्धावस्था या संकट की अवस्था में आर्थिक परेशानियों से बचे रहेंगे।

❑ जहां तक हो सके उधार मत लीजिये। यदि व्यापार करने के लिए उधार जरूरी हो तो केवल उतना ही लीजिए जितना आवश्यक हो और वह भी उसे वापस करने की ठोस योजना बनाने के बाद ही।

❑ दान-दहेज आदि के लेन-देन से दूर रहिये। अपनी संतान को इस योग्य बनाइए कि वह स्वयं अपनी आवश्यकताओं की पूर्ति के लिए धनार्जन कर सके।

❑ प्रेम प्रत्येक से कीजिए परंतु उसके प्रति कोई मोह या आसक्ति नहीं पालिये।

❑ याद रखिये कि प्रत्येक व्यक्ति जो जन्मा है वह मरेगा। मिलन-विरह, सुख-दुख सफलता-असफलता, निंदा-प्रशंसा एक घूमते हुए चक्र की भांति जाते-जाते रहते हैं। अत: उनमें लिप्त हो जाना स्वयं कष्टों को न्योता देना है।

❑ नियमित रूप से व्यायाम, योगासन, दौड़ आदि द्वारा अपने शरीर को स्वस्थ रखिये। जो व्यक्ति नियमित रूप से व्यायाम करता है उसका मन भी आशा और विश्वास के विचारों से भरा रहता है।

- नियमित रूप से, अपने धार्मिक विश्वास के अनुसार परमात्मा से प्रार्थना करिये कि वह आपको सही मार्गदर्शन दे और अपने कर्मों को सर्वश्रेष्ठ रूप से पूरा करने की शक्ति प्रदान करे। पूरी एकाग्रता से, कम-से-कम आधा घंटा प्रार्थना और ध्यान में लगाइये। इससे आपको अवश्य ही ईश्वरीय सहायता प्राप्त होगी।
- नित्य रात्रि को सोने से पूर्व कोई ऐसी पुस्तक पढ़िए जो आपको नई प्रेरणा, उत्साह और शक्ति प्रदान करती है।
- अपने मन को खाली न छोड़िये। किसी न किसी उपयोगी कार्य में अपने को लगाये रखिये क्योंकि खाली दिमाग शैतान का घर होता है।
- सदैव ऐसे व्यक्तियों की संगत में रहिये जो आपके जीवन में उत्साह, आशा तथा विश्वास भर सकें। नशेबाजों, जुआरियों और विलासी व्यक्तियों की संगत से बचिये।
- मन में आत्महत्या या निराशा का भाव आते ही उसे किसी अच्छे तथा अनुभवी घनिष्ट मित्र को बता डालिये। ऐसा करने पर आपको एक राहत अनुभव होगी। यदि आपका कोई घनिष्ठ मित्र नहीं तो शीघ्र से शीघ्र किसी मनोवैज्ञानिक या मनश्चिकित्सक की सहायता लीजिये। आप अपनी घोर निराशा के भाव को कागज पर लिखकर भी मानसिक संतुलन प्राप्त कर सकते हैं।

आत्महत्या के भाव से वशीभूत हुए व्यक्ति को कभी अकेला नहीं छोड़ना चाहिए। उसके आसपास से ऐसी वस्तुएं जो आत्महत्या करने में सहायक होती हैं, हटा लेनी चाहिए। उसका उत्साह, आत्मविश्वास और हौंसला बढ़ाने का प्रयत्न करना तथा शीघ्र से शीघ्र उसे किसी मनश्चिकित्सक को दिखाना आवश्यक है।

मेरे एक मनोवैज्ञानिक मित्र श्री विष्णु दत्त शर्मा आत्महत्या करने वालों को सलाह दिया करते थे कि अगर मरना ही है तो क्यों न किसी महान कार्य या मानवसेवा का कार्य करते हुए मरो। आओ मेरे साथ चलो और किसी मंदिर, मस्जिद या गिरजाघर के चारों ओर प्रार्थना करते हुए परिक्रमा (चक्कर) लगाओ। परिक्रमा करने का नया रिकार्ड कायम करो ताकि तुम्हारा नाम और फोटो अखबारों में छपे, गिन्नीज बुक ऑफ रिकार्ड में तुम्हारा नाम आ जाये। इससे तुम्हें धन और यश दोनों का लाभ होगा।

प्राय: लोग उनकी सलाह मान लेते थे और किसी धार्मिक स्थान के चारों ओर दौड़ते-दौड़ते उनका आत्महत्या का विचार बदल जाता था। कभी-कभी ऐसा भी हुआ कि जिस समस्या के कारण वे आत्महत्या करना चाहते थे, उसका समाधान उन्हें दौड़ते-दौड़ते मिल गया अथवा वे थकान से इतने चूर हो गये कि वहीं घास पर लेट कर सो गये। गहरी नींद से जागने के बाद आत्महत्या का विचार विदा हो गया।

देश के बड़े-बड़े नगरों में कुछ ऐसी सामाजिक संस्थएं हैं जो आत्महत्या के भावावेग से ग्रसित लोगों को निशुल्क सहायता देने का प्रशंसनीय कार्य कर रही हैं। दिल्ली की एक सुप्रसिद्ध संस्था का पता निम्नलिखित है:

संजीविनी, ए-6, इंस्टीट्यूशनल एरिया,
सत्संग विहार-दिल्ली - 110067,
(*फोन :* 6862222)

संजीवनी सोसायटी फॉर मेंटल हैल्थ, एच ब्लाक, नार्थ फ्लाई-ओवर, शौपिंग कॉम्पलैक्स, डिफेंस कॉलोनी, दिल्ली-24 [फोन : 431 1918]

संजीवनी अन्य मानसिक पीड़ाओं से ग्रस्त लोगों की भी निशुल्क सहायता-सेवा करती है। पाठक अपनी समस्याओं के संबंध में उन्हें टिकटयुक्त जवाबी पत्र भी डाल सकते हैं।

याद रखिये! आत्महत्या करना कायरता है, अज्ञान और मूर्खता है। परमात्मा ने हमें जीवन में जो भूमिका दी है उसे पूरी कुशलता से निभाना ही हमारा प्रथम कर्तव्य है। यदि हम भय या अन्य कारण से इस भूमिका को समय से पूर्व ही समाप्त कर देंगे तो प्रकृति और अध्यात्म दोनों ही दृष्टि से अपराधी बनेंगे।

निराशा को छोड़िये। अपने मन को स्वास्थ्य, सुख, साहस और सफलता के विचारों से भर दीजिये। आप जैसे विचार रखेंगे, अपने आपको जैसे सुझाव देंगे, वैसे ही बन जाएंगे। अतः अपने आपसे सदैव यह कहिए – 'मैं परमात्मा की कृपा से अवश्य सफल होऊंगा। अवश्य स्वस्थ होऊंगा। मैं अवश्य धनवान बनूंगा। मेरे अन्दर सद्बुद्धि और साहस का विकास हो रहा है।' इसके साथ ही दूसरों के दुख-दर्द भी बांटने की कोशिश करिए। आप दीन-दुखियों की सहायता सेवा करिए। परमात्मा आपकी सहायता करेगा। लेकिन यह सहायता आपको उसी समय मिलेगी जब आप निर्भय होकर अपने जीवन पथ पर आगे बढ़ेंगे। महाकवि दिनकर ने 'कुरुक्षेत्र' में कितना सही लिखा है–

"जीवन उसका नहीं युधिष्ठर जो उससे डरते हैं,

वह उसका जो चरण रोप, निर्भय हो आगे बढ़ते हैं।"

श्रीकृष्ण जी के इस उपदेश से प्रेरणा लीजिये। भय को भूल जाइये और निर्भय होकर आगे बढ़िये।

हारिये न हिम्मत, बिसारिये न हरि नाम 17

इस अध्याय तक आकर आप विभिन्न भयों और दुर्भीतियों (Phobias) के मनोवैज्ञानिक कारणों तथा उन्हें दूर करने के उपायों से भलीप्रकार परिचित हो चुके हैं। साहसी बनने के उपायों को भी इसी प्रकार आप जान चुके हैं। अब कुछ क्षण शांतिपूर्वक बैठकर विचारिए कि आपको अपने किस भय को जीतना है। इस प्रश्न के बारे में विचार करते हुए कोई संकोच न करें और याद रखें कि बुद्धिमान वही होता है जो सच्चाई को जानता और पहचानता है। केवल वही आदमी अपने भय को स्वीकार कर सकता है, जिसमें बुद्धि हो, सोचने-विचारने की शक्ति हो। यदि मनुष्य में बुद्धि न हो या वह अच्छे-बुरे कार्यों के परिणामों के बारे में तर्कसंगत विचार न कर सके तो उसे आप क्या कहेंगे?

अपने भय को जानना उसको जीतने की ओर पहला कदम है। अपने भय को एक कागज पर विस्तार से लिख डालिए। फिर पुस्तक में दिये गये उस अथवा उस प्रकार के भय को दूर करने के उपायों को भी लिख डालिए।

स्मरण रखिए कि यह सब कुछ विस्तार से लिखना आवश्यक है क्योंकि जब हम अपने किसी विचार को कागज पर उतारते हैं तो वह एक निश्चित आकार ग्रहण कर लेता है। इस प्रकार उस विचार या समस्या को समझने में सुविधा होती है।

इसके बाद उस भय को दूर करने के उपायों को वास्तविक जीवन में अपनाना शुरू कर दीजिए। आप उस भय या दुर्भीति (Phobia) से छुटकारा पा जाएंगे। जीवन में अनुभव होने वाले सामान्य भयों को दूर करने का सबसे अच्छा तरीका यह है कि जिन कार्यों से आपको भय लगता है, उन्हें दिल कड़ा करके एक बार कर ही डालिए। भय की मृत्यु निश्चित है।

हमारे एक मित्र ने अपनी व्यक्तिगत घटना सुनायी जो कि भय के बीज पड़ते ही उसे निकाल फेंकने का एक अच्छा उदाहरण है।

''सर्दी के मौसम की अमावसी रात। मुझे कोई पांच किलोमीटर चलकर अपने घर

पहुंचना था। साथ के नाम पर मेरे साथ मेरा साया भी नहीं था। गुनगुनाता हुआ मैं अपने अकेलेपन के अहसास को दूर करने का प्रयास कर रहा था कि बरसाती के नदी के पुश्ते पर पहुंचते ही गांव के एक बुजुर्ग के ये शब्द मन में उठ खड़े हुए—'गदर के समय चंद गोरों को गांव के लोगों ने यहीं मार गिराया था। उनकी आत्मा इस पुल पर भटकती है। उन्हें कई लोगों ने देखा है। वह किसी को नुकसान नहीं पहुंचाती, पर पुल को पार करने वाले के पीछे-पीछे चलती है और सीसम के पेड़ तक उसके साथ चलती हुई सीसम पर चढ़ जाती है।'

''मैंने मन को बहुत बहलाना चाहा, पर अंकुरित हो उठे भय ने थोड़े क्षणों में अच्छा-खासा आकार ले लिया। मुझे महसूस हो रहा था, मानो कोई मेरे साथ चल रहा हो। इस बात को परखने के लिए मैं बीच में रुका भी, और आश्चर्य, वह आवाज आनी भी बंद हो गयी। अब मेरा विश्वास पक्का हो गया कि मेरे पीछे कोई है। अपना पूरा साहस बटोरकर मैंने चलते-चलते पीछे मुड़कर देखा, पर कोई नहीं था, आवाज अभी मेरे साथ-साथ चल रही थी। सीसम के पेड़ पर जब मैं पहुंचा तो समूचा पेड़ एकबारगी को पूरा-का-पूरा हिल उठा। मैं चौंका। कड़कती सर्दी में पसीने से भीगी बनियान मेरे बदन को छू रही थी। मैंने अपने-आपको संभाला। पर संभलते ही मैं परेशान-सा हो उठा। मेरे पीछे अभी भी कोई चलता हुआ महसूस हो रहा था। मैंने ध्यान दिया। मैंने अपनी दोनों चप्पलें उतार लीं। अब कोई आवाज नहीं थी। हाथ जब चप्पल के तले से लगा, तो सारा रहस्य खुल गया। तला उखड़ा हुआ था, वही कदम उठाते ही पीछे से किसी के चलने का भ्रम दे रहा था।

''मैंने कुछ निश्चय किया। मैं फिर से पीछे गया। उस पूरे बरसाती नदी के पुल पर आराम से चलता-फिरता हुआ गया और वापस आया। सीसम के पास पहुंचते ही सीसम फिर हिला। इस बार क़िसी के उड़ने की सी आवाज थी। समझ आया कि—चमगादड़ उड़े थे।

''भ्रम आया और उसी समय चला गया, यह जरूरी था कि भय के उस सहसंबंध (Association) को भी तोड़ा जाए, उसके बाद फिर वहां और वैसा भ्रम मुझे कभी नहीं हुआ।''

लेकिन एक बार फिर यहां इन बातों का ध्यान दिलाना आवश्यक है कि कुछ सामान्यभय हमारे जीवन में सुख, स्वास्थ्य और समृद्धि को बनाये रखने के लिए आवश्यक भी हैं, जैसे कानून का भय अथवा मृत्यु का भय। ऐसे ही कुछ और भी भय हैं जिनका उचित सीमा के अंदर अनुभव होना हम सभी के लिए उपयोगी है। अत: उसकी चिंता मत करिये। संत तुलसीदास ने रामचरितमानस में—'भय बिनु होय न प्रीति' द्वारा कुछ ऐसा ही संकेत दिया है।

संभव है आपको अपने उस विशेष भय पर विजय पाने में शुरू-शुरू में कुछ कठिनाइयों या असफलताओं का सामना करना पड़े, परंतु उससे हतोत्साहित मत होइए बल्कि दूने उत्साह से अपने प्रयत्न में जुट जाइए। आप अवश्य सफल होंगे।

एक व्यक्ति को दर्शकों के सामने अभिनय करने में बहुत भय लगता था, परंतु अभिनय करने की उसमें अत्यधिक इच्छा थी, वह एक नाटक कंपनी में भर्ती हो गया और डायरेक्टर से प्रार्थना करके उसने एक छोटी-सी भूमिका (पार्ट) ले ली। पहले उसे रिहर्सल करने में भी बहुत भय लगा पर डायरेक्टर के उत्साहित और प्रेरित करने से उसने अपने पार्ट को खूब याद कर लिया और अभिनय करना भी सीख लिया। परंतु जिस समय नाटक करने की घंटी बजी, वह डर के मारे थर-थर कांपने लगा। डायरेक्टर ने जब उसे देखा तो उसे धीरज बंधाते हुए कहा, ''घबड़ाओ नहीं, मंच पर पहुंचते ही तुम्हारा डर भाग जाएगा। नाटक का प्रारंभ तुम्हारे 'पार्ट' से ही शुरू होता है इसलिए अब तुम्हारे इस पार्ट से बचने की भी कोई संभावना नहीं है। जाओ! स्टेज पर पहुंचो।'' ऐसा कहते हुए डायरेक्टर ने नये एक्टर की पीठ थपथपाते हुए उसे मंच की ओर धकेल दिया। नया एक्टर मंच पर पहुंचकर गिर पड़ा और फिर उठ खड़ा हुआ। उसके उठते ही डायरेक्टर ने मंच का पर्दा खुलवा दिया। पर्दा खुलते ही नया एक्टर पूरे मन से अभिनय करने में जुट गया। अपनी छोटी-सी भूमिका में ही उसने इतनी जान डाल दी कि दर्शक वाह-वाह करने लगे। बाद में यह कलाकार नाटकों का बहुत प्रसिद्ध अभिनेता बना। यह सच्ची दास्तान है हिमाचल प्रदेश के अपने जमाने के जाने-माने अभिनेता श्री बृजेंद्र गौड़ की।

उनका कहना है कि यदि व्यक्ति में उन्नति करने और भय पर विजय पाने की बलवती इच्छा शक्ति हो तो संसार की कोई शक्ति उसके मार्ग में बाधा नहीं बन सकती। लेकिन इसके लिए व्यक्ति को चाहिए कि वह अपने मनोवांछित क्षेत्र के विशेषज्ञों या प्रतिष्ठित व्यक्तियों की संगत और सत्संग से लाभ उठाये।

अपने भयों पर विजय पाकर साहसी बनने तथा जीवन में सुख सफलता पाने के प्रयत्नों में असफल होने पर कभी निराश न हों। याद रखें कि सुप्रसिद्ध वैज्ञानिक थामस एडीसन अपने एक वैज्ञानिक प्रयोग में पांच हजार बार असफल हुआ था पर उसने हिम्मत नहीं हारी, प्रयत्न करना नहीं छोड़ा। बल्कि नया प्रयत्न नये उत्साह से किया। इसमें वह सफल रहा। सारे संसार ने उसे मान-सम्मान, यश और धन प्रदान किया। उसकी सफलता का रहस्य था अपनी असफलताओं से शिक्षा लेकर फिर प्रयत्न करना।

मनोविकारों और मनोवैज्ञानिक समस्याओं का समाधान जहां तक संभव हो आप स्वयं करें, लेकिन उसमें मनोवैज्ञानिकों तथा मनोचिकित्सकों की सहायता लेने में संकोच न करें। उनकी फीस के रूप में आप जो धन देंगे उसके बदले होने वाला लाभ कहीं अधिक महत्त्वपूर्ण और उपयोगी सिद्ध होगा।

संसार में कुछ भय ऐसे हैं, जिनका कोई निदान नहीं है, उदाहरण के लिए प्राकृतिक आपदा, दुर्घटनाएं, मृत्यु आदि। इसके लिए आप अपने को पहले से ही शारीरिक, मानसिक, आध्यात्मिक और सार्थक रूप से तैयार रख सकते हैं पर उनके बारे में चिंता या भय करने से कोई लाभ होने के बजाय हानियां अधिक होती हैं। परमात्मा पर विश्वास रखते हुए अपने कर्मों को पूरी कुशलता से करने में जुट जाइए। अपने संपूर्ण विचारों को जीवन में सुख-सफलता पाने के प्रयत्नों में केंद्रित करिये। यदि आपके पास अतिरिक्त समय है तो समाज-सेवा और दीन-दुखियों को सहायता देने में लगाइए। इससे आपको जो मानसिक शांति तथा आध्यात्मिक शक्ति प्राप्त होगी, वह आपके समस्त भयों और आशंकाओं को समाप्त कर देगी। राष्ट्र कवि मैथिलीशरण गुप्त ने इस विच्चार को बहुत सुंदर पक्तियों में व्यक्त किया है:—

जान लो कि मृत्यु है
न मृत्यु से डरो क्भी
मरो परंतु यों मरो कि याद जो करें सभी
मरा नहीं वही कि जो जिया न आपके लिए
मनुष्य है वही कि जो मनुष्य के लिए मरे

यहां मैं दो लोकप्रिय प्रार्थनाएं उद्धृत करना चाहूंगा:—

"हे परमात्मा! जिस बात को मैं बदल नहीं सकता उसे स्वीकार करने का विवेक मुझे प्रदान कर, जिसको मैं बदल सकूं उसे बदलने का मुझे साहस देने की कृपा कर! मुझे बुद्धि दे कि मैं अपने भले-बुरे को समझ सकूं और बुराइयों को अपने से दूर रख सकूं"

"असतो मा सद्गमय, तमसो मा ज्योर्तिगमय। मृत्योमामृतंगमय"

(हे परमात्मा! मुझे असत्य से सत्य की ओर ले चलो, अज्ञान रूपी अंधकार से ज्ञान रूपी प्रकाश की ओर ले चलो। मृत्यु से अमरता की ओर ले चलो।)

और अंत में—

भय किससे?
दूसरों से।
पर दूसरा तो कोई है नहीं,
मृत्यु से।
तो विश्व में ऐसा कुछ भी नहीं है,
जो सदा-सदा के लिए रहा हो।
कष्टों, पीड़ाओं से,
ये तो आने-जाने वाली हैं
इसलिए

निर्भय बन कर जानो अपने-आपको,
संसार की असलियत को
और तुम हैरान हो जाओगे तब,
जब सब जानते ही भयमुक्त हो जाओगे सदा-सदा के लिए
शाश्वत सत्य हैं ऋषि के ये वचन
ऋते ज्ञानान्न मुक्ति
'बिना जाने मुक्ति नहीं।'

OOO

"हे अमृत के अधिकारीगण!
तुम तो ईश्वर की संतान हो,
अमर आनंद के भागीदार हो,
पवित्र और पूर्ण-आत्मा हो!
तुम इस मृत्युभूमि पर देवता हो ।...
उठो! आओ! हे सिंहों!
इस मिथ्या भ्रम को झटककर
दूर फेंक दो कि तुम भेड़ हो!
तुम जरा-मरण-रहित
नित्यानंदमय आत्मा हो!''

—स्वामी विवेकानंद
(*शिकागो में दिए गए भाषण से*)

OOO

www.ingramcontent.com/pod-product-compliance
Lightning Source LLC
Chambersburg PA
CBHW071229290326
41931CB00037B/2532
9789381448526